Die Gefahren des Bergbaues und die Grubenkontrolle im Ruhrrevier

Von

Richard Pöller
Doktor der Staatswissenschaften

München und Leipzig
Verlag von Duncker & Humblot
1914

Meiner Mutter

zu ihrem 66. Geburtstag gewidmet

Vorwort.

Es ist meine Pflicht, bei der Veröffentlichung dieser Schrift meinem hochverehrten Lehrer, Herrn Professor Dr. Rob. Wilbrandt, meinen verbindlichsten Dank zu sagen für die vielfach gewährten Besprechungen, die sehr anregend und fördernd auf mich gewirkt haben.

Desgleichen gedenke ich dankbar des Entgegenkommens, das mir mitunter von Behörden, Korporationen, Direktoren, Betriebsführern und Steigern entgegengebracht wurde; ebenso sage ich dem Bergarbeiterverband, dem Gewerkverein christlicher Bergarbeiter und dem deutschen Steigerverband meinen besten Dank.

Richard Pöller.

Inhalt.

Literaturnachweis.

Bois-Reymond, René Du: Physiologie des Menschen und der Säugetiere. 1908.

Einecker, Bergassessor, Kaiserl. Reg.-Rat: Die Sicherheitsvorschriften für die Bergwerke in Deutschland.

Entwicklung, Die, des niederrheinisch-westfälischen Steinkohlenbergbaues in der zweiten Hälfte des 19. Jahrhunderts, Band 4, Wetterwirtschaft; (im Text Entw. Band 4 genannt).

Gegenüberstellung der Bergpoliz. Verordnung des K. O. B.-Amts Dortmund vom 1. Januar 1911 und der bisher geltenden Bergpoliz. Verordn. Gelsenkirchen.

Goldmann, H. Dr.: Hygiene des Bergmanns. 1903.

Goldscheid, Rudolf: Entwicklungstheorie, Entwicklungsökonomie, Menschenökonomie. Eine Programmschrift. 1908.

Heise-Herbst: Lehrbuch der Bergbaukunde. Band 1. 1911.

Hue, Otto: Mehr Bergarbeiterschutz. Ein Streit- und Mahnwort. 1900.

— — Die Bergarbeiter. Historische Darstellung der Bergarbeiterverhältnisse von der ältesten bis in die neueste Zeit. Stuttgart, 1910.

Jahrbuch für den Oberbergamtsbezirk Dortmund. 10. Jahrgang, 1911.

Imbusch, H.: Arbeitsverhältnis und Arbeiterorganisationen im deutschen Bergbau. Essen.

Klostermann, R., Dr.: Lehrbuch des preußischen Bergrechts. 1870.

Münz, H., Dr.: Die Lage der Bergarbeiter im Ruhrrevier. 1909.

Pieper, L., Dr.: Die Lage der Bergarbeiter im Ruhrrevier, 1903.

Radbod: Stenographisches Protokoll des Prozesses gegen die Bergarbeiterzeitung vor dem Landgericht Bochum vom 19.–28. Oktober 1910.

Reuß, M.: Mitteilungen aus der Geschichte des Königl. Oberbergamts zu Dortmund und des niederrheinisch-westfälischen Bergbaues. Berlin, 1892.

Selbach, Karl: Illustriertes Handlexikon des Bergwesens. 1907. (Im Text Selbach genannt.)

Veith, H.: Deutsches Bergwörterbuch. 1870. (Im Text Veith genannt.)

Zycha, Adolf, Prof. Dr: Das Recht des ältesten deutschen Bergbaues bis ins 13. Jahrhundert. Berlin, 1892.

Verwaltungsberichte des Allgemeinen Knappschaftsvereins in Bochum.

Geschäftsberichte der Knappschaftsberufsgenossenschaft in Bochum, Sektion II.

Jahresberichte des Zechenverbands pro 1910 und 1911.
Jahresberichte der Königl. Preußischen Regierungs- und Gewerberäte.

Der technische Grubenbeamte, Organ des deutschen Steigerverbandes.
Glückauf, Berg- und Hüttenmännische Zeitung. Essen.
Neue Zeit, Stuttgart.
Soziale Praxis, Leipzig.
Zeitschrift für das Berg-, Hütten- und Salinenwesen im Preußischen Staate. Herausgegeben im Ministerium für Handel uud Gewerbe. (Im Text P. Z. genannt.)
Zeitschrift für Bergrecht. Herausgegeben bis zu seinem Tode von Brassert. (Im Text Z. f. B. genannt.)
Bergarbeiterzeitung, Organ des Verbandes der Bergarbeiter Deutschlands. Bochum.
Der Bergbau, bergmännische Wochenschrift. Gelsenkirchen.
Der Bergknappe, Organ des Gewerkvereins christlicher Bergarbeiter Deutschlands. Essen.

Außerdem wurden zahlreiche Broschüren verwandt; sonstige Quellen sind im Texte angegeben.

Einleitung.

Mit der Erfindung der Dampfmaschine beginnt der Siegeslauf der Technik des 19. Jahrhunderts und mit ihr ist die Entwicklung der Steinkohlenproduktion im Ruhrrevier sehr eng verbunden. Denn, indem sich alle Industrien anschickten, menschliche Arbeitskraft durch mechanische zu ersetzen, steigerte sich die Nachfrage nach Steinkohlen und es wurden höhere Ansprüche an die Zechen gestellt, die sich bemühten, der neuen Lage, der gesteigerten Nachfrage, durch erhöhte Produktion gerecht zu werden. So sehen wir denn auch eine gewaltige, wohl kaum vorausgeahnte Zunahme der Steinkohlenproduktion im Ruhrrevier[1], wie aus der Tabelle 1 hervorgeht. Die Gesamtproduktion Preußens an Steinkohlen betrug im Jahre 1909 136 906 164 t; davon entfallen allein auf den Oberbergamtsbezirk Dortmund[1] 32 803 676 t oder 59,14 %, also weit mehr als die Hälfte. Die Steinkohlenproduktion Frankreichs betrug im Jahre 1909 37 253 000 t und diejenige Belgiens in dem selben Jahre 23 518 000 t; die Produktion dieser beiden Länder zusammen bleibt noch erheblich

[1] Was heute unter dem Namen „Ruhrrevier" zusammengefaßt wird, deckt sich lange nicht mehr mit den tatsächlichen Verhältnissen. Die Steinkohlenproduktion, gestützt auf die Fortschritte der Technik, vermochte der natürlichen Kohlenablagerung in immer größere Teufen (Tiefen) zu folgen und so ihren alten Standort, namentlich nach Norden und Osten zu, gewaltig auszudehnen, so daß sie heute einen Flächenraum von etwa 3000 qkm inne hat. (Das ist etwa ein Siebentel des Flächeninhalts der Provinz Westfalen.) Diese Fläche liegt im wesentlichen auf westfälischem Gebiet und wird durch eine Linie eingeschlossen, die von Norden nach Osten über Dorsten-Olfen-Herbern nach Ahlen führt; von Osten nach Süden über Ahlen-Hamm-Unna nach Herzkamp, von Süden nach Westen über Herzkamp-Werden-Mühlheim-Ruhrort nach Mörs uud von Westen nach Norden über Mörs-Dinslaken nach Dorsten. Der so eingeschlossene Raum wird sowohl von der Ruhr, wie von der Emscher und Lippe durchströmt, während der Rhein nur im Westen auf eine kurze Strecke hineintritt; er bildet in verwaltungsrechtlicher Hinsicht die Grundlage für den Oberbergamtsbezirk Dortmund, der sich also mit dem Ruhrrevier deckt.

Tabelle 1[2].

Steinkohlenförderung, Wert der Förderung, Anzahl der Werke und Arbeiter im Oberbergamtsbezirk Dortmund[3].

Jahr	Anzahl der Werke	Produktion Kohle t	Wert der Produktion	Beleg-schaft
1792	154	176 676	683 667	1 357
1840	221	990 352	6 396 330	8 945
1850	198	1 665 662	10 385 094	12 741
1860	281	4 365 834	28 055 022	29 320
1870	220	11 812 528	67 626 048	51 391
1880	202	22 495 204	102 953 856	80 152
1890	177	35 469 290	282 441 997	127 794
1900	167	59 618 900	508 796 740	226 902
1909	159	82 803 676	823 000 272	340 567

hinter der des Ruhrreviers zurück; erst wenn man die Produktion Belgiens doppelt nimmt und sie der Frankreichs zuzählt, wird die Produktionssumme des Ruhrreviers eben überschritten.

Wenn wir die Tabelle 1 ansehen, so ist die Zunahme der Produktion und der Belegschaft von 1840 auf 1870 besonders interessant. Von 1840 auf 1850 stieg die Produktion von 990 352 t auf 4 365 834 t und die Belegschaft von 8945 auf 12 741, während die Produktion von 1850 auf 1860 von 1 665 662 t auf 4 365 834 t stieg und die Belegschaft von 12 741 auf 29 320 zunahm. Diese Veränderung von 1850 auf 1860 findet wesentlich ihre Erklärung in der teilweisen Befreiung des Bergbaues vom „Direktionsprinzip“[4] durch das Gesetz vom 12. Mai 1851, betreffend die Miteigentümer eines Bergwerks[5].

---

[2] Zusammengestellt nach dem Jahrbuch für den Oberbergamtsbezirk Dortmund, 1909/1910.

[3] Vergleiche Anmerkung 1.

[4] Hierunter ist zu verstehen, daß der Staat sich nicht beschränkte auf die Aufsicht über den Bergwerksbetrieb, sondern daß die gesamte technische und wirtschaftliche Leitung des Betriebes, wie Anordnnng und Durchführung von Sicherheitsmaßnahmen, die Anstellung der Grubenbeamten und Arbeiter und die Regelung ihrer Löhne in den Händen des Staates lag.

[5] Die Bergbesitzer erhalten hiernach das Recht, ihre Grubenbeamten zu wählen, Dienstverträge mit ihnen abzuschließen und ihre Geschäfte zu regeln; zweitens erhalten sie das Recht, bei der Festsetzung des Normallohnes mitzuwirken und die Arbeiter, welche nicht Knappschaftsgenossen sind, anzustellen und zu entlassen.

Die Zunahme der Produktion von 4 365 834 t im Jahre 1860 auf 11 812 528 t im Jahre 1870 und die Zunahme der entsprechenden Belegschaft von 29 320 auf sogar 51 391, sind ebenfalls auf die seit 1851 fortgeführte, freiheitliche, vom liberalen Geist durchdrungene Berggesetzgebung, namentlich auf das Gesetz vom 21. Mai 1860, betreffend die Aufsicht der Bergbehörden über den Bergbau und das Verhältnis der Berg- und Hüttenarbeiter[6] zurückzuführen. Der Geist dieses Gesetzes ist auch in das allgemeine Berggesetz für die preußischen Staaten vom 24. Juni 1865 übernommen, so daß für die günstige Produktionsentwicklung von 1860 bis 1909 zu allernächst die Gesetzgebung zu nennen ist.

Aber der glänzenden wirtschaftlichen Entwicklung des Ruhrreviers von 1850 auf 1909, hier in der Kohlenproduktion ausgedrückt, folgt ihr Schatten: das sind die Unfälle, welche den Ruhrbergbau begleiten. Die Tabelle 2 (Seite 4) gibt uns ein Bild davon, wieviel Menschen alljährlich ihr Leben bei der Kohlenproduktion der einzelnen Länder lassen müssen. Wir sehen hieraus, daß Preußen um die Mitte des vorigen Jahrhunderts die niedrigste Unfallziffer unter den angeführten Ländern hat, und zwar verunglückten hier 1852 bis 1860 2,054 auf 1000 Arbeiter. Bei diesem Vergleich steht der Bergbau Preußens wirklich günstig da, das konnte die P. Z. damals mit Recht schreiben (vgl. Band 10, S. 50).

Das Ruhrrevier aber blieb noch weit hinter der Zahl Preußens zurück; die tödlichen Unfälle betrugen dort nur pro 1851 bis 1860 1,870. Ganz anders ist es dagegen heute: während die Todesziffer (Tabelle 2)[7] in Großbritannien, Frankreich und Belgien von Anfang der 1850er Jahre an bis in die Gegenwart ständig sank[8], so sehen wir, daß Preußen und das Ruhrrevier für diese Zeit eine andere Entwicklung haben: In Preußen steigt die Ziffer tödlicher Ver-

---

[6] Die Abschließung der Verträge betr. Arbeits- und Dienstverhältnis zwischen den Grubenbeamten und den Arbeitern wird hiernach lediglich dem freien Vertrag überlassen, eine Mitwirkung der Bergbehörden findet bei der Annahme und Entlassung der genannten Personen nicht mehr statt, ebensowenig bei der Festsetzung des Schicht- und Gedingelohnes.

[7] Zusammengestellt teils nach Meißner, Gewerbehygiene S. 238, teils nach der P. Z. und teils nach dem „Glückauf" 1908, S. 1639, und nach dem Bericht der Kommission, welche 1898 vom Handelsminister zum Studium der Unfallursachen ins Ausland geschickt wurde.

[8] Nur Frankreich macht eine Ausnahme, welche auf das Unglück von Courrières zurückzuführen ist.

Tabelle 2.

Es verunglückten beim Bergwerksbetrieb auf je 1000 Arbeiter tödlich in

Zeitraum	Belgien	Frankreich	Großbritannien	Preußen	Oberbergamtsbezirk Dortmund
1851—1860	2,932	—	—	—	1,870
1852—1860	—	—	4,071	2,054	—
1853 - 1860	—	3,404	—	—	—
1861—1870	2,605	2,961	5,329	2,864	3,060
1871—1880	2,450	2,219	2,354	2,896	3,402
1881—1890	1.902	1,853	1,936	2,934	3,255
1891—1895	—	—	1,704	—	—
1891—1900	1,390	1,180	—	2,474	2,726
1901—1905	—	0,180	1,288	—	—
1901—1909	—	1,750	—	—	—
1901—1910	1,024	—	—	2,110	2,285

unglückungen von 1852—1860 mit 2,054 auf 1000 Arbeiter bis 1881 bis 1890 mit 2,934 ständig, von jetzt an, also pro 1891—1900 bis 1901—1910, geht die Zahl dann auf 2,110 herunter; im Ruhrrevier liegen die Verhältnisse ähnlich: die Todesziffer steigt hier von 1,780 pro 1851—1860 bis 1871—1880 mit 3,402 ständig[9]; sie hat hier ihre Höchstgrenze erreicht und geht von nun an, also pro 1881—1890 bis 1901—1910 auf 2,285 auf 1000 Arbeiter ständig herunter, ist aber weit weniger gesunken als in den genannten Ländern: Großbritannien, Frankreich und Belgien.

Werfen wir aber auch einen Blick auf die Tabelle 3, Seite 6, so sehen wir, daß die entschädigungspflichtigen Unfälle von 1885/1886 — 1890 bis 1906/1910 ständig gestiegen sind, und zwar von 16,16 auf 1000 Versicherte pro 1885/1886—1890 sogar auf 16,65 pro 1000 Versicherte für die Zeit 1906—1910.

Diese Tatsachen rechtfertigen wohl eine Untersuchung der Unfälle und der Grubenkontrolle[10] hier, um so mehr, da das verflossene

[9] Dies erklärt sich folgendermaßen:

Die schwunghafte Entwicklung des Bergbaus mit ihrer verstärkten Anwendung von Maschinen und Ausdehnung und Zunahme der Tiefe der Zechen, schloß viele neue Gefahren ein, welche durch die Veränderung in der Grubenkontrolle (durch das aufgehobene Direktionsprinzip) noch ungünstig beeinflußt wurden.

[10] Für die Grubenkontrolle kommen in Frage:

1. Die staatlichen Organe, wie Revierbeamte und Einfahrer (vgl. Anm. 13, S. 5).

Jahr 1912 allein drei große Unglücke für den Ruhrbergbau brachte: „Osterfeld“ mit 22 Opfern, „Lothringen“ mit 133 Opfern und „Minister Achenbach“ mit 56 Opfern, und da wesentliche Momente auf den beiden ersten Zechen dafür sprechen [11], daß ein Mangel in der Grubenkontrolle die Unglücke veranlaßt hat.

Es ist zwar (siehe Tabelle 3)[12] gelungen, die natürliche Gefahr mit einem beachtenswerten Erfolg zu bekämpfen, und es ist anzuerkennen, daß dieser Erfolg auf die systematische Verbesserung der Grubenbaue durch bergpolizeiliche Anordnung [13] zurückzuführen ist[14], ob aber die Grubenkontrolle in ihrer heutigen Gestalt geeignet ist,

---

2. Die technischen Beamten der Zechen oder „Aufsichtsbeamten“ wie Steiger, Betriebsführer usw. (vgl. S. 85).

3. Die Organe aus Arbeiterkreisen, wie Ortsälteste und Wettermänner (dieses sind Arbeiter, welche durch Bergpolizeiverordnung zur Teilnahme an der Grubenkontrolle verpflichtet sind, vgl. S. 105 und 107) und dann die Sicherheitsmänner, durch die Novelle vom 27. 8. 1909 geschaffen; es sind von ihren Kameraden gewählte Arbeiter, die gesetzmäßig das Recht haben, die Gruben auf ihre Sicherheit in bestimmten Zeitabschnitten zu kontrollieren. (vgl. S. 131).

[11] Vgl. S. 99 und 140 betr. „Osterfeld“ und „Lothringen“.

[12] Zusammengestellt und berechnet nach dem Geschäftsbericht des Vorstandes der Kn. Berufsgenossenschaft, Sektion II. in Bochum Jahrg. 1910.

[13] Die Gefahren des Bergbaues haben mannigfache Sicherheitsvorschriften notwendig gemacht. Die Überwachung und Verordnung von Vorschriften ist den Bergbehörden überwiesen, an deren Spitze als höchste Instanz, der Minister für Handel und Gewerbe steht; ihm unterstehen die Oberbergämter und die Revierbergämter. Au der Spitze der Oberbergämter steht der Oberberghauptmann. Die Oberbergämter sind kollegial gebildete Behörden, die berufen sind, Bergpolizeiverordnungen zu erlassen und als Aufsichts- und Rekursinstanz über den Revierbeamten zu fungieren; an der Spitze jedes Oberbergamtes steht ein Direktor, der den Titel „Berghauptmann“ führt. Das Oberbergamt Dortmund zerfällt gegenwärtig in 19 Bergreviere und zwar in die Bergreviere: Hamm, Dortmund I, II und III, Ost- und West-Recklinghausen, Witten, Hattingen, Süd- und Nord-Bochum, Herne, Gelsenkirchen, Wattenscheid, Ost-, West- und Süd-Essen, Werden, Oberhausen und Duisburg. An der Spitze eines Bergreviers steht ein Bergrevierbeamter, der unter anderen die Befugnisse eines Gewerbeaufsichtsbeamten hat und „untere Verwaltungsbehörde“ und Ortspolizeibehörde ist für die ihm unterstellten Betriebe. Er wird in großen Bezirken durch einen oder mehrere Unterbeamte, die „Einfahrer“ unterstützt. Revierbeamte und Einfahrer sind die staatlichen Organe der Grubenkontrolle.

[14] Wir verweisen auf die bergpolizeilichen Verordnungen, welche auf Grund der Ergebnisse der preußischen Schlagwetterkommission, die von 1881—85 tagte, ergangen sind (vergleiche Seite 51 ff.).

Tabelle 3.

Äußere Veranlassung der entschädigungspflichtigen

Zeitabschnitt	Durchschnittliche Zahl der versicherten Personen	Zahl der entschädigungspflichtigen Unfälle		Veranlassung: I. Explosionen			II. Glühende Metallmassen, heiße und ätzende Flüssigkeiten, giftige Gase			III. Bewegte Maschinenteile, Transmissionen, Motore		
		überhaupt	auf 1000 Versicherte	überhaupt	auf 1000 Versicherte	% zu Spalte 3	überhaupt	auf 1000 Versicherte	% zu Spalte 3	überhaupt	auf 1000 Versicherte	% zu Spalte 3
1	2	3	4	5	6	7	8	9	10	11	12	13
1885/86/90	113 896	1161	10,16	136	1,21	11,63	10	0,09	0,88	70	0,61	5,99
1891/1900	170 528	2503	14,64	177	1,08	7,45	32	0,18	1,23	187	0,07	7,33
1901/1910	285 535	4690	16,41	149	0,06	3,14	45	0,15	0,96	257	0,93	5,67
1901/1905	251 004	4072	16,17	104	0,42	2,64	32	0,13	0,82	280	1,12	6,90
1906/1910	320 066	5308	16,65	194	0,60	3,65	58	0,18	1,09	234	0,75	4,45

unsere guten Vorschriften so zur Durchführung zu bringen, daß der in Großbritannien, Frankreich und Belgien erreichte Vorsprung wieder eingeholt wird, ist eine andere Frage.

Als die Gesetzgebung vor kurzer Zeit (1909) dem Drange der öffentlichen Meinung, von neuem wachgerufen durch das Unglück von Radbod, folgte, und den Arbeitern ihren Wunsch nach einer Beteiligung an dem Unfallverhütungsdienste durch die „Sicherheits-

Unfälle in den Jahren 1885/86 bis einschließlich 1910.

des Unfalls											
IV. Zusammenbruch, Einsturz, Herabfallen von Gegenständen (Stein- und Kohlenfall)			V. Sturz von Leitern, Treppen, Galerien, Vertiefungen, Bassins usw.			VI. Fahrzeuge, Beförderung von Lasten, beim Auf- und Abladen usw.			VII Sonstige (Gebrauch von einfachem Handwerkszeug)		
überhaupt	auf 1000 Versicherte	% zu Spalte 3	überhaupt	auf 1000 Versicherte	% zu Spalte 3	überhaupt	auf 1000 Versicherte	% zu Spalte 3	überhaupt	auf 1000 Versicherte	% zu Spalte 3
14	15	16	17	18	19	20	21	22	23	24	25
505	4,44	43,85	120	1,04	10,29	260	2,24	21,99	60	0;51	5,02
929	5,45	37,21	224	1,31	8,96	792	4,60	31,33	163	0,95	6,50
1591	5,58	34,06	421	1,47	8,96	1852	6,10	37,12	473	1,67	10,09
1410	5,61	34,74	362	1,44	8,86	1458	5,79	35,69	426	1,69	10,35
1773	5,56	33,37	481	1,51	1,06	2047	6,41	38,55	521	1,65	9,83

männer“ erfüllte, glaubte man das Problem der Grubenkontrolle gelöst zu haben, aber die Praxis der Grubenkontrolle, wie wir sie später kennen lernen, beweist, daß das Problem einer praktisch-wirksamen Grubenkontrolle nach wie vor besteht, daß es nicht gelöst wurde und nicht gelöst werden konnte durch die „Sicherheitsmänner“. Wir werden erfahren, daß im Ruhrbergbau eine Fülle guter Vorschriften besteht, daß aber ihre Durchführung an verschiedenen Momenten scheitert.

I. Die technisch-natürlichen Gefahren des Bergbaus und die zu ihrer Bekämpfung im Ruhrrevier bestehenden Vorschriften.

A. Die Aus- und Vorrichtung.

1. Die Ausrichtung.
2. Die Vorrichtung:
   a) Strecken im Streichen. b) Strecken im Einfallen.

Amicus Plato, sed magis amica veritas.

1. Die Ausrichtung.

Das Ziel der bergmännischen Tätigkeit ist der Abbau der nutzbaren Mineralien. Ist eine Lagerstätte aufgefunden worden, so bedarf es, um sie abzubauen, eines planmäßigen Vorgehens. Sämtliche Arbeiten, die sich auf die Herstellung der Schächte und der Querschläge beziehen, werden als die Ausrichtung bezeichnet. Es werden seigere (senkrechte) oder tonnlägige (geneigte) Schächte niedergebracht, um in das Erdinnere einzudringen. Dieser Arbeit stellen sich oft natürliche Schwierigkeiten durch Wasserzufluß oder der sonstigen Beschaffenheit des Gebirges entgegen. Ist der Wasserzufluß zu stark oder der Gebirgsdruck zu groß, kommt es nicht selten vor, daß ein in der Teufe stehender Schacht zusammenbricht.

Den Wasserzufluß im schwimmenden Gebirge bekämpft man durch das sogenannte „Gefrierverfahren". Hierbei werden rund um den Schacht Bohrlöcher angebracht, die mit einer Chlormagnesiumlauge von etwa 20 ⁰ C gefüllt werden, um die andringenden Wasser auf den Gefrierpunkt zu bringen und so um den Schacht herum eine Eismauer zu bilden. Zu dem gleichen Zweck, die Wasser abzuhalten, wird auch das Bohrverfahren nach Kind-Chaudron angewendet; hier wird das Wasser durch entsprechende Bohrlöcher abgebohrt. Während früher die Schächte gewöhnlich mit Holz ausgebaut wurden, wird hierzu heute Eisen und Mauerung gebraucht, weil diese Art der Ausrüstung den Ansprüchen, die an die Schächte durch große Teufen oder die Produktion gestellt werden, besser befriedigen. Die Bergpolizeiverordnung vom 1. Januar

1911, die am 1. Januar 1912[1] in Kraft getreten ist, bestimmt im § 36 darüber: 1. „Die Stöße der zu Tage ausgehenden neuen Schächte müssen endgültig mit Eisen oder Mauerung ausgebaut werden. Dasselbe gilt für das Weiterabteufen alter Schächte; 2. sämtliche Schächte sind so einzurichten, daß alle Schachtstöße (Schachtwandungen) in zuverlässiger Weise untersucht werden können.“ Der Absatz 1 war dem Sinne nach schon in der B.P.V. im § 11 vom 28. März 1902 enthalten, während der Absatz 2 neu ist.

Wenn die Arbeiten des Schachtes soweit hergestellt sind, geht man daran, „Querschläge“ zu treiben. Das sind Gänge, die vom Schachte in wagerechter Linie quer durch das Gebirge bis zur Grenze des Grubenfeldes führen. Bei dieser Arbeit ist nun auf die Wetterführung Rücksicht zu nehmen, die bei ordnungsmäßiger Durchführung bestimmte Ansprüche an den Querschnitt der Grubenbaue stellt. Daher sind auch hier Sicherheitsvorschriften erlassen. § 129, Absatz 1 der erwähnten B.P.V. bestimmt: „Querschläge, Richtstrecken, Grund-, Teil- und Wettersohlenstrecken müssen einen Querschnitt von mindestens 2 qm, alle sonstigen Wetterwege, mit Ausnahme der Wetterlutten und Wetterbohrlöcher, einen solchen von mindestens 1 qm dauernd besitzen.“

Bei den Gesteinarbeiten der Querschläge (Anbringung der Bohrlöcher und die Schießarbeit) ist die Bohrarbeit von Hand, gegen die von Maschinen zurückgetreten, weil durch die Maschinenarbeit rascher vorangeschritten werden konnte, bei niedrigeren Selbstkosten. Die Bohrmaschinen, die in Streckenbetrieben Verwendung finden, sind meistens so, daß sie fest verlagert werden können. Sie belästigen und beeinträchtigen den Arbeiter daher nicht in der Art, wie es bei den Abbau- und Bohrhämmern (vgl. Seite 27 ff.) der Fall ist. Der Einfluß des Gebirges kommt natürlich auch hier in Frage; jedoch soll er, da er beim Abbau eine größere Rolle spielt, dort betrachtet werden. Die Gefährlichkeit der Schachtarbeit geht daraus hervor, daß im Ruhrrevier von 1901—1910 403 Menschen bei ihr getötet wurden, also durchschnittlich jährlich 40.

---

[1] Die wir für die Folge nur kurz B. P. V. vom 1. 1. 1911 nennen werden. Wir haben sehr oft den Eindruck gehabt, daß die Bergleute den Sinn der Schutzvorschriften nicht verstehen oder daß sie ihnen überhaupt nicht bekannt waren, obgleich sie den Text der B. P. V. erhalten hatten. Wird dieser Umstand beseitigt, dann ist damit auch eine Verbesserung der Grubensicherheit zu erwarten. Vielleicht vermögen hier die Arbeiterorganisationen einzugreifen?

2. Die Vorrichtung.

Nach der Ausrichtung beginnt die Vorrichtung. Sie ist darauf gerichtet, das Grubenfeld in zweckmäßige Bezirke zu gliedern; das geschieht sowohl der Tiefe, als der streichenden Ausdehnung nach. Es werden sowohl Förder-, Fahr- und Wetterwege im Streichen[2], wie im Einfallen[3] aufgefahren; im Einfallen wird ferner unterschieden zwischen aufwärtsgehenden oder „schwebenden" und abwärtsgehenden oder „abfallenden" Strecken.

a) Strecken im Streichen.

Wie ein Haus durch die Stockwerke in verschiedene Abteilungen zerlegt wird, so geschieht das in Bergwerken durch die Sohlenbildung. Die Sohlen werden je nach dem Gebirge, gewöhnlich mit dem Fortschreiten des Schachtes, in größeren oder kleineren Abständen angelegt und heißen Sohlen- oder Grundstrecken; es sind Gänge, die in wagerechter Linie dem Streichen der Lagerstätte folgen; gehen sie zwar auch dem Streichen nach, nehmen ihren Weg aber durch das Nebengestein, so heißen sie Richtstrecken. Diese Strecken werden noch unterstützt durch die Teilsohlenstrecken (es sind darunter die Teilstrecken des Flözes zwischen unterer und oberer Hauptsohle zu verstehen) und Abbaustrecken. Die Verbindung der Teilsohlenstrecke mit der Wetter- oder Fördersohle (je nach ihrem Zweck, ob sie der Förderung oder der Bewetterung dienen) wird durch blinde (nicht zutage gehende) Schächte (Aufbrüche, Gesenke, Stapelschächte) vermittelt.

b) Strecken im Einfallen.

Die einfallenden Strecken sollen die streichenden ergänzen. Hierher gehören Überhauen, Durchhiebe, Bremsberge, Abhauen usw.

Überhauen „dienen nach Fertigstellung zur Förderung, indem sie als Bremsberge oder Rollöcher ausgebaut werden, zur Fahrung (Fahrüberhauen) oder zur Wetterführung (Wetterüberhauen)". (Heise-Herbst, Bergbaukunde Band 1, Seite 312.) Die Durchhiebe werden zwischen zwei parallelen Strecken hergestellt, um den Wetterstrom günstig zu beeinflussen. Ein Bremsberg hat den Zweck, die

---

[2] Die Richtung der Längenausdehnung einer Lagerstätte in einer horizontalen Durchschnittslinie (Streichlinie, Streichungslinie) gegen die Mittagslinie des Beobachtungsortes, nennt man das „Streichen". (Veith.)

[3] „Zieht man in der Ebene der Lagerstätte eine Linie rechtwinklig zur Streichungslinie, so erhält man die Fallinie. Ihre Neigung zu einer horizontalen Ebene ist der Fallwinkel, das ‚Einfallen'." (Selbach.)

Förderung der gewonnenen Massen zwischen Teilsohlen oder einer Teilsohle zur Grundstrecke zu vermitteln oder durch Verbindung von zwei Sohlen den Hauptförderschacht zu entlasten.

Die Abhauen oder flachen Gesenke werden von oben nach unten hergestellt und bilden den Gegensatz zu den Aufhauen und den Überhauen, obgleich sie alle sehr oft denselben Zweck verfolgen. Die Arbeiten, welche die Vorrichtung verlangt, brauchen nicht besonders besprochen zu werden, da das Auffahren der Strecken in der Weise im allgemeinen geschieht, wie die Ausrichtung der Querschläge.

Die Vorrichtung bildet die Grundlage für die Wetter-, Förder- und Fahrwege, denn wie aus dem angeführten § 129, Absatz 1 hervorgeht, ist auf den Querschnitt der Strecken auch hier Rücksicht zu nehmen. Um aber die Grubenbaue sicher anzulegen und in sicherem Zustand zu erhalten bestimmt der § 27 B.P.V. vom 1. Januar 1911 folgendes: „Sämtliche unterirdische Grubenbaue müssen bei der Anlage gegen Stein- und Kohlenfall sicher gestellt und für die Dauer ihrer Benutzung in sicherem Zustande erhalten werden.“ Bei der Anlage wird allerdings meistens auf guten Ausbau gesehen; später mit der Ausdehnung der Grubenbaue, tritt eine Vernachlässigung in ihrer Unterhaltung ein, aus Gründen, die wir beim Abbau kennen lernen werden. Der Einfluß des Gebirges bei der Anlage der Strecken auf die Unfälle ist daher nicht so groß, weil eben auf den Ausbau mehr geachtet wird. Der Ausbau ist das einzige Mittel, den Bergmann gegen das Gebirge zu schützen. Er tritt in seiner Bedeutung beim Abbau besonders hervor, wo er zu erörtern ist.

B. Der Abbau.

1. Das Steinkohlengebirge.
2. Der Ausbau.
3. Die Gewinnungsarbeiten:
   a) Die Wegfüllarbeit. b) Die Keilhauenarbeit. c) Die Hereintreibearbeit. d) Die Sprengarbeit.

1. Das Steinkohlengebirge.

Die Flöze des Ruhrreviers gehören dem produktiven Karbon oder flözführenden Steinkohlengebirge an, im Gegensatz zu den unproduktiven Schichten, die keine Kohle enthalten, dem sogenannten „flözleeren Sandstein“. Die Zusammensetzung wird durch eine Schichtenfolge von Sandstein-, Sandschiefer-, Schieferton-, Tonschiefer- und

Konglomeratbänken gebildet, in denen Kohlenflöze von größerer oder geringerer Mächtigkeit verborgen sind, über die wir im einzelnen noch keine Kenntnis haben[4].

Die Unterlage des Steinkohlengebirges bildet das Devon, während das Deckgebirge aus dem Kreidemergel besteht. Das Einfallen der Flöze flacht sich allgemein nach Norden hin ab; damit ist eine Zunahme des Deckgebirges und folglich eine Zunahme der Teufe verbunden.

Für die Gesundheit und Sicherheit der Bergleute ist das Einfallen der Flöze, sowie das Nebengestein, nicht gleichgültig. Während das Einfallen von der Natur gegeben und unabhängig vom menschlichen Willen ist, ist es möglich, die Natur in bezug auf das Nebengestein durch ordentlichen Ausbau zu korrigieren. Welche Gefahr das plötzlich niedergehende Gebirge im einzelnen bedeutet, bezeugt die folgende Mitteilung, welche einer Tageszeitung entnommen ist: „Ein schauerlicher Vorgang spielte sich auf Zeche B . . . ab. Einem Bergmann, der mit einer sehr gefährlichen Arbeit betraut war, wurde der Daumen so fest eingeklemmt, daß es ihm nicht möglich war, sich zu befreien. Da das Gebirge schon am Nachbrechen war, so stand er vor der Frage, entweder unter den Felsmassen begraben zu werden oder den Daumen einzubüßen. Er wählte das letztere, nahm kurz entschlossen ein Beil, das er mit der anderen Hand erreichen konnte, und hieb den Daumen ab. Kaum war das geschehen, da brach auch schon die Strecke zusammen."

Aus der Anlage 1 zum Bericht der Abteilung III (Ruhrrevier) der Stein- und Kohlenfallkommission (Seite 206 ff., Sonderheft der P. Z. über die Verhandlungen der Stein- und Kohlenfallkommission) geht hervor, daß nach dem Arbeitsplan unter 1: „Statistische Ermittlungen", Absatz 2, eine „Verteilung der Unfälle durch Stein- und Kohlenfall auf die einzelnen Flöze, ihres Einfallens und der Beschaffenheit des Nebengesteins" vorgesehen war. Da eine genaue Flözidentifikation des Oberbergamtsbezirkes Dortmund nicht möglich war, beschloß man, von einer Ausdehnung der Statistik auf den ganzen Bezirk abzusehen; dagegen sollte versucht werden, die Gefährlichkeit der einzelnen Abbaumethoden statistisch zu erfassen. Hierzu wählte

---

[4] Dr. Pieper, Die Lage der Bergarbeiter im Ruhrrevier, teilt die Schätzung mit, wonach, wenn selbst die Produktion auf 100 Millionen t jährlich gesteigert würde, noch für 1293 Jahre Kohlen im rheinisch-westfälischen Steinkohlenbecken vorhanden wären.

man das Flöz Dickebank, das auf 15 Zechen für die Zeit von 1897 bis 1899 untersucht wurde. Das Hangende dieses Flözes ist durchweg gutartig, während das Liegende bisweilen zum Abreißen neigt. Für die Untersuchung auf den Einfluß des Einfallens ergab sich nun das folgende: „Man hat dabei ein flaches (0—20°), ein mittleres (21 bis 55°) und ein steiles (56—90°) Einfallen unterschieden. Die meisten Schichten sind beim mittleren, die wenigsten beim flachen Einfallen verfahren worden. Die auf 10 000 verfahrene Schichten bezogene Unfallziffer ist ebenfalls bei dem mittleren Einfallen am größten (0,33), sodann folgt das steile (0,28) und zuletzt das flache Einfallen (0,23). Eine Erklärung hierfür liegt vielleicht im folgenden: Wie bereits erwähnt, ist das Hangende des Flözes Dickebank durchweg gutartig, das Liegende dagegen zeigt stellenweise Neigung zum Abrutschen und die Kohle bricht verhältnismäßig leicht herein. Die Hauptgefahr liegt also im Steinfall aus dem Liegenden und dem Kohlenfall. Bei flachem Einfallen kommen diese beiden Momente kaum zur Geltung, während sie bei steilem Einfallen leicht zu Verunglückungen Veranlassung geben. Im übrigen ist aber der Unterschied zwischen den Gefahrenziffern zu gering, um zu besonderen Schlüssen zu berechtigen." Soweit der Bericht; es geht hieraus hervor, daß das Einfallen im Verein mit dem Nebengestein die Gefahren für die Bergleute beeinflussen. In welchem Maße das der Fall ist, läßt sich darum nicht sagen, weil wir eine genaue Untersuchung der einzelnen Gebiete und Flöze nicht besitzen. Die tödlichen Verunglückungen durch Stein- und Kohlenfall stehen im Ruhrrevier an der Spitze aller tödlichen Verunglückungen[5]. Betrachten wir die Tabelle 4, Seite 14[6], so finden wir, daß die Zahl der durch Stein- und Kohlenfall Verunglückten für Preußen von 1,170 durchschnittlich 1892—1899 auf 1,038 1901—1910 zurückgegangen ist; während 1901—1905 ein Sinken auf 1,013 verzeichnet ist, wächst diese

[5] Es verunglückten tödlich im Ruhrrevier pro 1901/1910 durchschnittlich auf 1000 Mann unter Tage durch:

Stein- und Kohlenfall	0,978
In Schächten (Seilfahrt, Fahren, Schachtarbeiten)	0,295
In blinden Schächten (Sturz oder Fördergeräte)	0,547
Förderung auf annähernd horizontalen Strecken	0,164
Explosionen	0,205
Böse oder matte Wetter	0,053
Schießarbeit	0,090
Wasserdurchbruche, Maschinen und sonstige Weise	0,206

Tabelle 4[6].

Es verunglückten tödlich durchschnittlich pro 1000 Mann unter Tage durch Stein- und Kohlenfall beim Steinkohlenbergbau:

Zeit	Oberbergamtsbezirk Dortmund	Preußen	Frankreich	Belgien
1880—1889	—	—	0,760	—
1890—1899	—	—	0,590	—
1892—1899	1,040	1,770	—	0,710
1901—1905	0,936	1,013	0,628	0,552
1901—1909	—	—	0,589	—
1901—1910	0,978	1,038	—	0,526
1906—1909	—	—	0,540	—
1906—1910	1,018	1,063	—	0,499

Zahl 1906—1910 auf 1,063 an. Eine gleiche Erscheinung haben wir beim Oberbergamt Dortmund. Hier war die Zahl 1892—1899 1,040, die 1901—1910 auf 0,978 und 1901—1905 sogar auf 0,936 sank, um dann 1906—1910 auf 1,018 zu steigen. Dagegen ist die Verunglückungsziffer Frankreichs von 0,760 für die Zeit von 1880—1889 auf 0,590 für die Zeit 1890—1899 zurückgegangen, sie steigt dann 1901—1905 nur gering auf 0,628, also um 0,34 pro Mille, um aber pro 1906—1909 von neuem — und zwar beachtenswert — auf 0,540 zu sinken. In Belgien fällt die Todesziffer von 0,710 pro 1892—1899 bis 1906—1910 ständig und außerordentlich, so daß sie für diese letzte Epoche nur 0,499 beträgt.

Während also die Zahlen in Frankreich und Belgien nach unten gehen, steigen sie in Dortmund und Preußen. Der Unterschied der Zahlen des Ruhrreviers für 1901—1905 und 1906—1910 dürfte wohl auf die ansteigende Konjunktur, die 1905—1906 einsetzt, zurückzuführen sein. Denn wenn wir die Zahlen[7] der einzelnen Jahre von 1905—1910 ansehen, so finden wir, daß die Zahl plötzlich von 0,757 im Jahre 1905 auf 0,989 im Jahre 1906 steigt, sie fällt 1907 auf 0,953, um dann 1908 ihren Höchststand von 1,075 zu erreichen; 1909 geht sie auf 1,066 und 1910 auf 1,044 herunter.

[6] Zusammengestellt nach der P. 3, und dem Bericht der 1898 ins Ausland gesandten Kommission.

[7] Es verunglückten durch Stein- und Kohlenfall im Ruhrrevier auf 1000 Mann unter Tage:

1901	1902	1903	1904	1905	1906	1907	1908	1909	1910
1,040	1,057	0,952	0,877	0,757	0,989	0,953	1,075	1,066	1.044

Wie steht es aber mit den Veränderungen der Zahlen für Frankreich und Belgien? Frankreich schuf durch das Gesetz vom 8. Juli 1890 die Arbeiterdelegierten, wodurch die Arbeiter an der Grubenkontrolle beteiligt wurden. Die Abnahme der tödlichen Unfälle, im besonderen der durch Stein- und Kohlenfall veranlaßten, spricht dafür, daß sie auf diese von Arbeitern bewirkte Kontrolle zurückzuführen ist. Denn grundsätzlich kommt für die Bekämpfung der Stein- und Kohlenfallgefahr eine gute Verzimmerung der Strecken und Örter in Frage, und insofern haben die Arbeiterdelegierten in Frankreich wohl zweifellos günstig gewirkt, wie aus den Mitteilungen der Kommission hervorgeht[8], welche 1898 vom preußischen Handelsminister ins Ausland geschickt wurde.

Und für Belgien steht es dem Grunde nach gleich: hier wurden durch das Gesetz vom 11. April 1897, das 6 Monate später in Kraft trat, die Arbeiter an der Grubenkontrolle beteiligt; und seit jener Zeit sehen wir dort den Rückgang der tödlichen Unfälle durch Stein- und Kohlenfall. Daß diese durch Arbeiter vorgenommene Grubenkontrolle auf die Sicherheit der Grubenbaue günstig wirken mußte, steht wohl außer Zweifel, wenn wir die unten mitgeteilte Stelle berücksichtigen[9].

Der Ausbau.

Um den Ausbau der Lagerstätten vorteilhaft durchzuführen, haben sich die verschiedenen Abbaumethoden (Stroßenbau, Firstenbau, Strebbau, Pfeilerbau mit oder ohne Bergeversatz) herausgebildet, welche, je nach dem Gebirge, angewendet werden. Sie sollen alle

---

[8] Zwei höhere Beamte im zuständigen Ministerium äußerten sich der Kommission gegenüber wie folgt: „Die Delegierten machen meist Bemerkungen über schlechte Zimmerung in den Strecken ..... " „Auf den Gruben, wo die unterirdiche Aufsicht mehr den Steigern als den Ingenieuren überlassen ist, sind jetzt Mißstände weniger zu befürchten als früher, weil die Steiger wissen, daß solche von den Delegierten aufgedeckt werden könnten ..... " Die französische Deputierten-Kammer setzte 1895 eine Kommission ein, um die Wirksamkeit des Delegiertengesetzes zu prüfen. In dem von Lacombe erstatteten Bericht heißt es u. a.: „In ihren Berichten melden sie (die Arbeiterdelegierten) nichts weiteres als eingebrochenes Holz oder eine schlecht unterhaltene Strecke."

[10] Der Chefingenieur des ersten Arrondissements in Mons, Jules de Jear, teilte der Kommission u. a. folgendes mit:

„ ..... Es werden häufig Mängel in der Verzimmerung, die Arbeitern zu Last gelegt werden müssen, gemeldet, ... "

dazu dienen, die Grubenbaue imstande zu halten und die Bergleute gegen hereinbrechende Massen und losgelöste Steine und Kohlen zu sichern. Der Ausbau gilt daher als wesentliches Moment, die natürlichen Gefahren des Bergbaues, soweit die Lagerung des Gebirges und das Verhalten des Nebengesteins in Frage kommt, zu bekämpfen. Wird sicher und gehörig verbaut, so ist die einfache und natürliche Wirkung die, daß das Hereinbrechen von Strecken und der Stein- und Kohlenfall vermindert wird. Die Stein- und Kohlenfallkommission sagt bei ihrer Untersuchung des Flözes Dickebank über die verschiedenen Abbaumethoden (Seite 211 des erwähnten Sonderheftes) folgendes: „Was nun die Gefährlichkeit der einzelnen Abbaumethoden bei den verschiedenen Einfallen anbetrifft, so ist zunächst beim flachen Einfallen der Pfeilerbau derartig überwiegend, daß ein Vergleich nicht zu ziehen ist. Bei mittleren Einfallen bleibt die Zahl der verfahrenen Schichten beim Stoßbau (334) nur um 13 % hinter der Zahl der beim Pfeilerbau verfahrenen zurück, dagegen übertrifft die auf 10 000 Schichten bezogene Unfallziffer beim Stoßbau diejenige beim Pfeilerbau um 50 %. Bei steilem Einfallen übertrifft der Stoßbau den Pfeilerbau in der Schichtenzahl um rund 0,9 %, in der Unfallziffer um rund 52 %." Hiernach könnte man glauben, daß der Stoßbau gegenüber dem Pfeilerbau gefährlicher sei; jedoch „ist dies tatsächlich nicht der Fall. Während der Pfeilerbau in dem mächtigen Flöze Dickebank besonders beim flachen Einfallen und gutem Nebengestein umgeht, steht der Stoßbau mehr bei steilem Einfallen und besonders bei schlechtem, zum Abrutschen neigenden Liegenden, ... in Anwendung" (Seite 208 Sonderheft). Und das Gesamturteil wird dahin zusammengefaßt, daß die Untersuchung des Flözes Dickebank keinen Schluß auf die Gefährlichkeit der einzelnen Abbaumethoden zulasse (Seite 211).

Die Stein- und Kohlenfallkommission hat in ihrer Schlußsitzung am 19.—20 Dezember 1905 eine Anzahl Grundsätze, die sich unter anderem auf den Ausbau beziehen, aufgestellt, welche in Band 54 (1906) der Preußischen Zeitschrift veröffentlicht worden sind. Sie haben in der Bergpolizeiverordnung vom 1. Januar 1911 in den §§ 27 bis 38 Berücksichtigung gefunden. Die §§ 27 und 36 haben wir schon kennen gelernt; da aber die übrigen ebenfalls von großer Bedeutung sind, lassen wir sie wörtlich folgen: „§ 28. 1. Die Art des Ausbaues muß den Gebirgsverhältnissen entsprechen. 2. Sie ist unter Festsetzung des größten Abstandes der Einzelteile des Ausbaues (Türstöcke, Kappen, Stempel, Unterzüge, Pfähle) von dem Betriebsführer oder von dessen Beauftragten für die einzelnen Flöze, Bauabteilungen oder Betriebspunkte vorzuschreiben und zur Bekanntgabe an die Aufsichtspersonen in das Schichtenbuch (Schichtenzettel) oder in ein besonderes Buch (Ausbaubuch) einzutragen. Das betreffende Buch gilt als Teil des Zechenbuches, worauf im Zechenbuche hinzuweisen ist. 3. Die Aufsichtspersonen sind verpflichtet, die Arbeiter bei Übertragung einer Arbeit mit den für den Arbeitspunkt bestehenden Ausbauregeln bekannt zu machen, auf etwaige besondere Gefährdung des Arbeitspunktes durch Stein- und Kohlenfall hinzuweisen und über die Mittel und Vorschriften zur Bekämpfung der Gefahr zu unterrichten. 4. Der Ortsälteste (§ 341) ist verpflichtet, die zur Verhütung von Stein- und Kohlenfall in dieser B.P.V. gegebenen Vorschriften und die besonderen Weisungen der Aufsichtspersonen auszuführen und die Mitglieder der Kameradschaft zur Befolgung anzuhalten. 5. Die Mitglieder der Kameradschaft sind verpflichtet, den Anordnungen des Ortsältesten Folge zu leisten. 6. Wenn die Gebirgsverhältnisse ungünstiger werden, sind nicht nur die Aufsichtspersonen, sondern auch die Ortsältesten und die übrigen Arbeiter verpflichtet, an Stelle des vorgeschriebenen Höchstabstandes der Einzelteile des Ausbaues einen durch die örtlichen Verhältnisse gebotenen verringerten Abstand vorzuschreiben bzw. innezuhalten oder den Ausbau in anderer Weise zu verstärken oder zu vervollständigen.

§ 29. Für den vorschriftsmäßigen Ausbau sind die Aufsichtspersonen und, soweit dabei die einzelnen Betriebspunkte in Betracht kommen, außerdem die Ortsältesten verantwortlich.

§ 30. Der Abteilungssteiger hat dafür zu sorgen, daß den Arbeitern das zum Verbauen erforderliche Material stets an geeigneter Stelle in der Steigerabteilung zur Verfügung steht.

§ 31. 1. Vor Beginn der Arbeit hat der Ortsälteste zu prüfen, ob Gebirge und Ausbau sicher sind. 2. Diese Prüfung ist während der Schicht, zumal nach Arbeitspausen und nach der Abgabe von Sprengschüssen zu wiederholen. 3. Finden sich Mängel, so ist der Ausbau vor Aufnahme der eigentlichen Arbeit zu ergänzen.

§ 32. 1. Nur bei sehr festem, erfahrungsgemäß zuverlässigem Gebirge darf jeglicher Ausbau fehlen. 2. Der Ausbau mit Stempel und Anpfahl ist nur bei andauernd gutem Hangenden anzuwenden. 3. Beim Auftreten von Schnitten, Klüften, Sargdeckeln, Nachfall oder losen Schalen ist, sofern die Mächtigkeit des Flözes dies gestattet und der Nachfall und die losen Schalen nicht sofort hereingenommen werden, die Firste regelmäßig durch Vorstecken eiserner oder hölzerner

Pfähler abzufangen und durch ausreichenden Verzug zu sichern. 4. Dasselbe hat zu geschehen, wenn sich der Abbau alten Bauen, Durchhieben, Abbaustrecken oder einer Gebirgsstörung nähert. 5. Der endgültige Ausbau ist sobald wie möglich nachzuführen.

§ 33. 1. Strecken, die sich einer Gebirgsstörung nähern oder sie durchführen, sind durch besonders sorgfältigen Ausbau zu sichern. 2. Dasselbe gilt von allen Streckenkreuzungen und den unteren Ecken der Pfeilerstöße.

§ 34. Auskesselungen in der Streckenfirste sind zu verfüllen.

§ 35. Überhängende Kohle und unterschrämte Stöße sind durch Spreizen oder Bolzen zu sichern. (§ 36 wurde schon, vgl. Seite 9, angeführt.)

§ 37. 1. Beim Abbau steilstehender Flöze sind die Arbeitspunkte gegen hereinbrechende Kohlen und hereinbrechendes Gestein durch besondere Schutzvorrichtungen zu sichern. 2. An den unteren Ecken der Pfeilerstöße ist bei einem Einfallen von über 30° eine Schutzbühne einzubauen.

§ 38. Beim Auswechseln der Zimmerung sind Vorkehrungen zur Verhinderung eines unvorhergesehenen Hereinbrechens des Gesteins oder der Kohle zu treffen."

Der Ausbau soll also planmäßig unter Festsetzung des größten Abstandes (der Türstöcke, Kappen, Stempel usw.) geschehen und sich den Gebirgsverhältnissen anpassen. (§ 28[10].)

Nur bei sehr festem, erfahrungsgemäß zuverlässigem Gebirge darf jeglicher Ausbau fehlen (§ 32); besondere Bedeutung hat die Bestimmung, daß bei steilgelagerten Flözen Schutzbühnen errichtet werden müssen. (§ 37.)

Werden diese Vorschriften, die außerordentlich weitgehend sind, wirklich befolgt, so ist für die nächste Zeit eine Abnahme der Unglücksfälle durch Stein- und Kohlenfall als sicher anzunehmen; aber wie es um ihre Ausführung steht, werden wir weiter unten sehen.

---

[10] Daß diese Anordnung wohl notwendig war, zeigt folgender Fall:

„Zeche Baaker Mulde ..... Als die beiden Kameraden Hildebrand und Waterfeld durch Pfeilerbruch zu Tode gekommen waren, ordnete die Bergbehörde eine andere Abbaumethode an ...... Die bis dahin angewandte Abbaumethode hätte längst verboten sein müssen, weil die Verhältnisse dafür viel zu schlechte und gefährliche sind. Das Hangende sowohl wie das Liegende war sehr schlecht und druckhaft und die ein Meter starken Sicherheitsstöße, welche stehen bleiben, waren zur Sicherheit bei weitem nicht ausreichend, die Katastrophe war also unter diesen Umständen vorauszusehen und sie hätte darum auch leicht vermieden werden können ...." (Berg. Arb. Ztg. 25. 6. 10.)

Für die Steigerung der Unfälle durch Stein- und Kohlenfall pro 1906—1910, wie wir sie auf Seite 14, Anm. 7 kennen gelernt haben, sind die Grundsätze der Stein- und Kohlenfallkommission unbeteiligt, weil sie ja erst am 1. Januar 1912 für das Ruhrrevier mit wirksamer Kraft verordnet wurden und vorher wohl nicht beachtet worden sind.

Im letzten Jahrzehnt wurde im Ruhrrevier immer mehr der Abbau mit Bergeversatz[11] eingeführt. Dies Verfahren hat nun gegen den Abbau ohne Versatz den großen Vorteil, daß Hohlräume[12] vermieden werden. Dadurch wird zunächst eine bessere Bewetterung[13] der Grubenbaue erreicht, da die Hohlräume keine Wetter[14] mehr beanspruchen und der Wetterstrom (Luftstrom) die Grubenbaue dann schneller und gründlicher zu bestreichen vermag. Auch bei dem Stein- und Kohlenfall kommt diese Abbaumethode günstig in Frage, weil es ja ersichtlich ist, daß durch die Ausfüllung der Hohlräume mit Bergen, die Strecken und Baue gegen Zubruchegehen und Lösung des Nebengesteins sicherer gestellt werden. Man wendet dieses Verfahren jedoch vor allem deshalb an, um die häufigen und teuren Berg-

[11] Unter Bergeversatz versteht man jenes Verfahren, daß die durch den Abbau der Kohlen entstandenen Hohlräume mit Steinen, Asche usw. den sog „Bergen" ausgefüllt, also „versetzt" werden.

[12] Die Hohlräume bilden eine ganz besondere Gefahr, weil sich in ihnen meistens Wetter ansammeln, die im Falle einer Explosion mitentzündet werden können, wodurch gegebenenfalls der Explosionsherd gewaltiger und in größerer Ausdehnung wirkt.

Solche Hohlräume sind tatsächlich im Ruhrrevier auf den Zechen anzutreffen, wie wir sie gelegentlich antrafen, sei es, daß sie durch Bretter oder sonstige Weise verdeckt waren.

Im Radbodprozeß wurde von Zeugen bekundet, (von einzelnen auch, daß sie mit Wissen der Beamten) Hohlräume nicht ordnungsgemäß versetzt, sondern „Pferdeställe" gebaut hätten, d. h. also, daß sie die Hohlräume tatsächlich bestehen ließen, nur daß sie, znm Schein als wäre alles in Ordnung, eine Steinmauer errichteten, welche die Öffnung verdeckte.

[13] Die Bewetterung einer Grube ist die planmäßige Tätigkeit, den Grubenbauen und Strecken die schlechte Luft zu entziehen und ihnen frische Luft zuzuführen. (Vgl. S. 50).

[14] Unter Wetter werden alle Luftgemische einer Grube verstanden, ohne Rücksicht auf ihre chemischen Bestandteile. (Vgl. S. 48 ff.)

[15] Wenn die Hohlräume in den Gruben nicht ausgefüllt werden, setzt sich früher oder später das Gebirge und es entstehen an der Erdoberfläche Bodensenkungen, welche Gebäude und Gelände beschädigen oder beeinträchtigen, die dann als Bergschäden bezeichnet werden, weil der Bergbesitzer für den so entstandenen Schaden haftbar ist.

schäden[15] zu vermeiden. Als Nachteil dieses Verfahrens für die Bergleute kann erwähnt werden, daß, da die Versatzberge teilweise naß, teilweise trocken und heiß in die Grube gelangen, ein größerer Feuchtigkeitsgehalt, Staubgehalt und eine Temperaturerhöhung der Wetter eintritt.

Für die Erhöhung der Gefahren beim Abbau kommen im Ruhrrevier noch verschiedene Ursachen in Frage:

1. das Selbstkostenprämiensystem[16] (vgl. Seite 94 ff.);
2. der Gedingevertrag[17] (vgl. Seite 108 ff.);
3. das Fördersollprämiensystem[18] (vgl. Seite 93 ff.).

---

[16] Der Steiger erhält hiernach eine Prämie für geringe Selbstkosten, deren Kern die Löhne und der Holzverbrauch bilden. Er wird daher suchen die Selbstkosten zu verringern und macht das u. a. so, daß er den Leuten das von ihnen verlangte Holz nicht in gehöriger Menge oder Qualität liefert. (Vgl. Anm. 19 S. 21). Weil er, wenn der Selbstkostensatz, der von der technischen Verwaltung festgesetzt wird, von ihm überschritten wird, keinen Anspruch hat auf eine Prämierung für geringe Selbstkosten, sondern ihm eventuell sogar die sonstige Prämie, welche einen großen Teil seines Gehaltes ausmacht vgl. Anm. 17) strafweise entzogen wird. (Vgl. S. 98.)

Daher wird er alle Mittel anwenden, welche ihm nur zur Verfügung stehen, um das Ziel, geringe Selbstkosten zu haben, zu erreichen und er machte es dann auch so, daß er für schlecht gewordene Stempel und Hölzer, deren Erneuerung unter regelmäßigen Verhältnissen besonders bezahlt wird, den Leuten keinen Lohn gibt.

Im ersten Falle spart er an Holz, im zweiten an Holz und Lohn zugleich und beide Fälle beeinflussen die Sicherheit der Gruben in ungünstiger Weise.

[17] Nach dem Gedingevertrag wird der Grubenausbau, welcher der Sicherheit der Leute dienen soll, mit der Kohlenproduktion gemeinsam im Akkord vergeben. Diese Verbinduug von Grubensicherheit und Kohlenproduktion wirkt daher ungünstig auf die Gefahren des Bergbaus ein, weil sich der Lohn der Berglente nach der geförderten Kohlenmenge richtet; obgleich aber mit der geförderten Kohlenmenge vertragsmäßig der Ausbau vorzunehmen ist, so wird dieser nicht in der Weise vorgenommen, wie es notwendig wäre, sondern oft nur so nebenbei erledigt.

[18] Nach dem Fördersollprämiensystem erhält der Steiger eine Prämie für eine hohe Förderleistung, für die Erreichung des „Fördersolls", deren Höhe ihm in der Regel von der technischen Verwaltung vorgeschrieben wird, die naturgemäß, den Prinzipien der Erwerbsgesellschaft getreu, von einer hohen Rentabilität durch hohe Leistung ausgeht. Und damit ist das Bedenkliche gegeben: mit der Kohlenproduktion ist die Beachtung und Ausführung vieler Sicherheitsvorschriften vorzunehmen, die alle mehr oder minder die Rentabilität der Produktion einschränken, für deren Einhaltung aber letzten Endes der Steiger immer verantwortlich ist. Da nun die Höhe des „Förder-

Diese im Verein wirkenden Ursachen (oder allein wirkend) bilden eine ernste Gefahr für die Sicherheit der Bergleute.

Was nun das Selbstkostenprämiensystem betrifft, so hat es den ewigen Holzmangel auf den Zechen zur Folge; denn, obgleich auf den Zechenplätzen ungeheuere Holzvorräte aufgestapelt sind, wurde es den Leuten nicht in gehöriger Menge oder Qualität geliefert, wie die unten angeführten Fälle beweisen[19]. Obgleich sie alle von Inkrafttreten der heute geltenden B.P.V. vom 1. Januar 1911 liegen, beweisen die weiter unten mitgeteilten Stellen[20], daß es unter der Geltung dieser

solls" in der Regel so hoch bemessen wird, daß sie mehr die Grenze der natürlichmöglichen Leistungsfähigkeit überschreitet, als daß sie eingehalten wird, so greift der Steiger zu unerlaubten Mitteln, um die Fördermenge zu leisten. Und das macht er so, daß er die Reparaturhauer, welcher zur Instandhaltung der Strecken tätig sein sollten, „vor die Kohle legt"; dadurch wird natürlich eine Verschlechterung in der Sicherheit der Grubenbaue herbeigeführt. Der Steiger wird durch diesen „Fördersoll" in einen ständigen inneren Konflikt gebracht: denn letzten Endes ist er für die Beachtung aller bestehenden Sicherheitsvorschriften verantwortlich, zugleich aber sorgt sein raffiniert ausgeklügelter Anstellungsvertrag dafür, der ihm nur ein relativ geringes Gehalt von 120—200 Mk. monatlich als gesichertes Einkommen festsetzt, daneben aber eine schwankende (nach Gutdünken entziehbare, z. B. bei Nichterreichung des Fördersolls") Prämie für den Fördersoll von 40—100 Mk. verspricht, daß sein Verantwortungsgefühl einschlafen muß. Denn unabhängig davon, ob sein Gehal genügt oder nicht, wird durch diesen Anstellungsvertrag der Erwerbstrieb des Steigers wach gehalten und jener Kampf in ihm entfesselt zwischen Ideal und Interesse, gleich dem zwischen Vernunft und Leidenschaft, wovon es ja bekannt ist, daß die Vernunft in der Regel unterliegt, obgleich sie recht behält.

19 Dafür nur einige von den vielen Beispielen, die in den Organen der Bergarbeiter anzutreffen sind:

Der Bergknappe Nr. 19, 1911, führt Klage über die Zeche Preußen II, daß der Steiger D. an Holz sparen wolle: es wäre statt mit Stempeln vielfach mit Schalhölzern verbaut. Der Bergknappe Nr. 23, 1911, berichtet von einem chronischen Holzmangel auf der Zeche Prosper II. Der Bergknappe Nr. 24, 1911, sagt von der Zeche Konkordia IV und V daß der Holzmangel so sei, daß sogar die Sicherheitsmänner Holz suchen müssen. Die Bergarbeiter-Zeitung vom 2. 7. 1910 schreibt, daß sie schon oft wegen Holzmangels auf der Zeche Holland III und IV hätte Beschwerde führen müssen; jedoch käme nach jeder Beschwerde von der Zeche eine Berichtigung, worin alles bestritten würde. Dennoch wäre und bliebe im Revier 8 Steiger P.) Holzmangel (Diese Notiz ist nicht berichtigt worden.)

20 „Zeche Hugo I. Der Fahrhauer B. verbot hier einem Verbauer in der ihm angewiesenen Strecke Hölzer zu erneuern, die in der Morgenschicht

B.P.V. nicht anders geworden ist; und das ist lebhaft zu bedauern, da doch die Unfälle durch Stein- und Kohlenfall veranlaßt, im wesentlichen vom ordentlichen Ausbau abhängen, wozu ohne weiteres Holz in gehöriger Menge und Qualität notwendig ist.

Der Gedingevertrag aber spielt insofern für die Sicherheit des Ausbaues eine ungünstige Rolle, als nach ihm Kohlenförderung und Grubenausbau im Akkord vergeben werden.

Und das Sollfördersystem macht das ähnlich, nur wird hier die Grubensicherheit nicht im Akkord an die Arbeiter vergeben, wie durch den Gedingevertrag, sondern durch den Anstellungsvertrag an die Steiger.

Wie Direktor Ismay Bruce von jenem Erwerbsbetrieb der Unternehmung bewußt geleitet wurde, als er mit dem Riesenschiff „Titanic" einen Weltrekord aufzustellen versuchte und ihn dieses Ziel so sehr beherrschte, daß es sowohl sein Gewissen verstummen ließ gegen die Gefahren der bekannten eisführenden Zonen des Ozeans, als gegen die ihm gewordenen Warnungsdepeschen, und so gleichsam unbewußt das stolze Schiff mit all den Menschen dem Untergang weihte, so haben wir uns die Wirkung der Prämiensysteme (im besonderen des Fördersollprämiensystems) auf die Steiger und durch sie auf die Sicherheitsvorschriften und Unfälle vorzustellen. Pieper[21] zieht das Fazit dieser Prämiensysteme folgendermaßen:

„Notgedrungene Antreiberei der Arbeiter, infolgedessen überhastete Arbeit, dadurch wieder und durch die eventuelle Hast oder von Ersparnisrücksichten diktierte Vernachlässigung der für die Sicherheit der Gruben notwendigen Nebenarbeiten (Stempelsetzen usw.), ver-

---

herausgeschlagen worden waren. Auf die Gefahr aufmerksam gemacht, sagte E. zu dem Verbauer, wenn er so bange um sein Leben sei, solle er doch zu Hause bleiben . . . . . " (Bergarbeiter-Zeitung Nr. 21. 1912.)

Auf der Zeche D. K. verunglückte ein Mann der über Tage aussagte, daß sein Arbeitspunkt vor der Kontrolle durch die Bergbehörde erst verbaut werden müsse, da dort alles unverbaut sei, weil er schon seit drei Tagen kein Holz mehr bekommen habe. Die Sicherheitsmänner dieser Zeche für die Reviere 4 (wo sich der vorstehende Unglücksfall erreignete) und Revier 13 berichten, daß im ersteren andauernd Holzmangel, uud im letzteren Reoier sehr oft Holzmangel herrsche. (G. Werner. Wie die Wetter schlagen.)

Von der Zeche N. N. wurde uns berichtet, daß die neue B. P. V. vom 1. 1. 1911 absolut keine Wirkung habe in bezug auf die Holzlieferung an die Leute.

[21] Dr. L. Pieper: Die Steigerbewegung im Ruhrrevier. (Soz. Praxis 1907 Nr. 44—45.)

mehrte Unfälle, Raubbau bzw. unregelmäßiger, ordnungswidriger Abbau durch einzelne Belegschaften, so daß spätere Belegschaften schwierigere Arbeitsverhältnisse vorfinden, erzwungene Überschichten usw."

Wir stimmen insofern zu, daß wir diese Wirkungen zugeben, nur daß wir sie auf die Trinität Selbstkostenprämiensystem, Gedingevertrag und Fördersollprämiensystem, zurückführen. Sollte diese Dreieinigkeit tatsächlich nicht zu beseitigen sein? Der ernsthafte Sozialpolitiker muß es jedenfalls verlangen.

Gegenüber diesen Prämiensystemen, die darauf hinauslaufen, die Unfälle mittelbar zu prämiieren, sind die unten folgenden Fälle[22], die den amtlichen Berichten der Bergbehörden entnommen sind, erfreuliche Beispiele.

Auf der Gewerkschaft Siegfried gelang es also, die als sehr gefährliche (im Bericht als solche auch angegebene) bekannte Arbeit des Schachtabteufens, bei dem sich ständig oft recht schwere Unfälle ereignen, zu vollbringen, „ohne daß ein ernster Unfall vorkam". Damit

---

[22] „Ein zur Verhütung der bei gefährlichen Schachtabteufen besonders häufigen Unfälle zur Nachahmung zu empfehlendes Mittel wandte die Gewerkschaft Siegfried an. Sie setzte beim Abteufen ihres Schachtes bei Groß-Gießen für alle Schachtaufseher, Fördermaschinisten und die mit der Revision der Fördereinrichtungen beauftragten Personen eine monatliche Prämie von je 20 Mk. für den Fall aus, daß kein ernster Unfall sich ereignete, gleichviel ob mit oder ohne Verschulden; andernfalls sollte die Prämie für sämtliche Personen fortfallen. Tatsächlich ist der Schacht von 165 m (bis dahin war er angebohrt) bis 766 m Teufe abgeteuft und ausgebaut worden, ohne daß ein ernster Unfall vorkam." (Bergrevier Goslar 1909.)

„Eine zur Verhütung von Unfällen besonders mit Rücksicht auf die Gleichgültigkeit der Arbeiter zur Nachahmung zu empfehlende Einrichtung traf die A. G. Ilseder-Hütte für ihre Eisenerzgruben. Danach erhält jeder Ortsälteste eine monatliche Prämie von 3 Mk., wenn sich sein Arbeitsort stets in betriebssicherem Zustande befunden hat und ein ernster Unfall nicht vorgekommen ist." (Bergrevier Goslar 1910.)

„ . . . . . Eine weitere Besserung in der Verhinderung der Unglücksfälle verspricht sich die Gewerkschaft ver. Constantin der Große von der Gewährung einer Prämie an die Steiger nach Maßgabe der Unfallziffer." (Bergrevier Nord-Bochum 1910.)

Auf unsere Anfrage bei der Gewerkschaft ver. Constantin der Große über die Art und Wirksamkeit dieser Prämieneinrichtung, wurde uns jedoch geantwortet: „Prämien an Beamte für geringe Unfallziffern sind bei uns bisher nicht in Anwendung gekommen." Demnach muß wohl dem amtlichen Bericht eine irrtümliche Meinung zu Grunde liegen.

ist ein klassisches Beispiel dafür gegeben, daß die sogenannten natürlichen Gefahren des Bergbaues nicht unüberwindlich sind! Da sich die Gewährung einer Unfallprämie hier glänzend bewährt hat, so kann man nur wünschen, daß dieses Beispiel bald allgemeine Nachahmung findet! Die Unternehmer mögen dabei erwägen, ob diese Unfallprämie im Grunde doch nicht wirtschaftlicher ist, als eine überstürzte Produktion und ein falsches Sparsystem durch Selbstkostenprämien, seitdem doch durch die sozialpolitische Gesetzgebung auch der Verbrauch an Menschen in die wirtschaftlichen Erwägungen mit einzubeziehen ist; sie mögen dabei auch berücksichtigen, daß diese Prämien von Unternehmern eingeführt wurden, obgleich sie Mitglieder einer Berufsgenossenschaft sind!

Nach dem Jahresbericht der Knappschaftsberufsgenossenschaft, Sekt. II für 1910, wurde für die gesamte Unfallversicherung 14600000 Mark oder auf den Kopf der Versicherten rund 42,50 Mk. pro 1910 aufgewendet. Dazu kommen noch rund 8 Mk. pro Kopf für Krankheitsfälle, die durch Betriebsunfall veranlaßt wurden, aber von der Krankenkasse allein getragen werden, woran die Unternehmer zur Hälfte etwa mit rund 4 Mk. beteiligt sind. Da bekanntlich die Kosten der Unfallversicherung von den Berufsgenossen allein getragen werden, so ergibt sich für 1910 eine Ausgabe von rund 46,50 Mk. auf den Kopf der Versicherten für Unfälle. Diese Summe würde schon eine hübsche Prämie für Unfallverhütung ermöglichen, ohne die Produktion mehr zu belasten. Sollte es da für die Knappschaftsberufsgenossenschaft nicht nahe liegen, den Gedanken der unfallverhütenden Prämien zu ergreifen und auszubauen? Der Präsident des Reichsversicherungsamtes sagt[23]: „Die vorbeugenden Maßnahmen haben sich als erwerbendes Kapital erwiesen, das in Gestalt von Rentenersparnissen reiche Zinsen trug."

3. Die Gewinnungsarbeiten.

a) Die Wegfüllarbeit. b) Die Keilhauenarbeit. c) Die Hereintreibearbeit. d) Die Sprengarbeit.

Ist der Ausbau ordentlich durchgeführt, können die Gewinnungsarbeiten schneller und gefahrloser voranschreiten. „Mittels der Hauer- und Gewinnungsarbeiten werden Grubenbaue aller Art entweder auf der Lagerstätte selbst oder im Nebengestein hergestellt. Die

[23] Vgl. den Vortrag, „Licht und Schatten bei der deutschen Arbeiterversicherung" (Berlin 1913.)

Art der Arbeit auf der Lagerstätte einerseits und im Nebengestein anderseits ist nicht grundsätzlich verschieden, sondern hier und dort werden im wesentlichen die gleichen Geräte, Gezähe, Maschinen und Sprengstoffe gebraucht.“ (Heise-Herbst, Bergbaukunde Band I, S. 120.) Auch hier sind die Maschinen immer mehr vorgedrungen und haben die Handarbeit ersetzt. Wir unterscheiden bei den Gewinnungsarbeiten: Die Wegfüllarbeit und Keilhauenarbeit (nach Heise-Herbst) und die Hereintreibearbeit und Sprengarbeit.

a) Die Wegfüllarbeit kommt nur bei rolligem Gebirge als Gewinnarbeit in Betracht; sie bildet aber einen Teil jeder Gewinnungsarbeit und hat die hereingewonnenen Massen wegzuschaffen, wozu die Schaufel und der Spaten, wie die Kratze und der Trog verwendet werden.

b) Die Keilhauenarbeit fördert als selbständige Gewinnungsarbeit durch Anbringung des Schrams oder Schlitzes die Gewinnung, bei der beim Handbetrieb die Keilhaue oder das Schrämeisen (eine leichte, schmale Art der Keilhaue) oder beim Maschinenbetrieb Schrämmaschinen vieler Art verwendet werden. Die Anbringung des Schrams geschieht so: „in plattenförmigen Lagerstätten wird die Gewinnung dadurch erleichtert, daß parallel zum Hangenden und Liegenden ein schlitzartiger Einbruch, der Schram, hergestellt wird“. (Selbach.) Ist das Gebirge sehr fest, dann wird noch gekerbt, d. h. senkrecht zum Schrame ein weiterer Einschnitt gemacht.

c) Die Hereintreibearbeit ist wohl die älteste und ursprünglichste, selbständige Gewinnungsarbeit. Sie fördert die Gewinnung der Kohlen oder sonstigen Massen durch Abkeilen oder Lostreiben mittels Fäustel und Keil. Während sie früher, bis zur Anwendung des Pulvers, die Herrin der bergmännischen Arbeit war, ist sie heute zu ihrer Magd geworden, die bei gelockertem Gebirge nachhelfen muß. Nur einen Zug ihrer alten Hoheit hat sie sich bewahrt, gewissermaßen als Symbol ihrer historischen Größe, daß sie dort auftritt, wo in Schlagwettergruben aus sicherheitstechnischen Gründen die Sprengarbeit verboten ist.

d) Die Sprengarbeit hat die Hereintreibearbeit mit Fäustel und Keil fast völlig verdrängt. Sie stellt die Bohrlöcher für die Sprengschüsse her durch stoßendes oder drehendes Bohren von Hand oder Maschinen, führt die Sprengmittel in die Bohrlöcher ein und bringt sie zur Entzündung. Während die Wegfüllarbeit heute unverändert weiter besteht, nur daß sie durch technische Hilfsmittel eingeschränkt wird (Schüttelrutschen), ist die Keilhauenarbeit als selbständige Gewinnungsarbeit fast völlig durch die Schießarbeit (namentlich bei ansteigender Konjunktur) verdrängt und teilweise (im Ruhrrevier) auch durch Schrämmaschinen und Abbauhämmer; bei sehr weicher Kohle findet sie natürlich auch heute noch Anwendung. Die Anbringung des Schrams (vgl. Keilhauenarbeit) von Hand ist, vor allem in Flözen von schwacher Neigung und geringer Mächtigkeit, eine sehr harte, mühevolle, gefährliche und ungesunde Arbeit. Denn der Bergmann ist zu seiner Ausführung gezwungen zu liegen oder eine verschobene oder gebückte Körperhaltung einzunehmen, und muß wuchtige Hiebe führen, bei einer schlechten Luft und erhöhter Temperatur. Da er sich aber hierbei unmittelbar vor dem Kohlenstoß befindet, atmet er den bei der Loslösung der Kohlen sich bildenden Kohlenstaub, sowie die aus dem Gebirge dringenden Gase in erhöhtem Maße ein und ist in ständiger Gefahr, von den Gebirgsmassen erschlagen oder verschüttet zu werden.

Diese Arbeit, die eigentliche Hauerarbeit, erfordert eine berufsmäßige Ausbildung; aber die hastende Produktion im Ruhrrevier ließ hierzu keine Zeit. Es wurden Tausende und Abertausende fremde, ungelernte Arbeiter herangezogen, welche die Gefahren für sich selbst, sowie für ihre Kameraden erhöhen[24]. Wir haben diese Tatsache nur zu erwähnen, um zu erklären, weshalb die alte Keilhauenarbeit durch die Schießarbeit ersetzt wurde. Und das hat einen sehr einfachen Grund: die ungelernten Arbeiter wußten nichts von einem Schram und konnten daher auch die Arbeit nicht leisten; sie waren ja auch nicht eingestellt, damit sie lernen sollten, sondern um die Ansprüche der Konjunktur zu befriedigen und Kohlen zu fördern. Da nun die Schießarbeit überhaupt eine raschere Produktion ermöglicht, und keine besonderen Kenntnisse voraussetzt, so wurde aus beiden Gründen erst recht geschossen, und die alte Gefahr der Keilhauenarbeit, die jeweilig den einzelnen, der sie leistete, betraf, abgelöst durch die neue größere Gefahr der Schießarbeit, welche nicht nur den einzelnen angeht, sondern auch die Allgemeinheit, da sie oft die Veranlassung zu Schlagwetterexplosionen gibt, wie Tabelle 5 zeigt.

---

[24] Die Tatsache wird wohl bestehen bleiben, weil Ungelerntheit Ungeschicklichkeit mit sich bringt. Auf die prinzipielle Frage, ob Ausländer und Polen mehr erkranken als Deutsche, wollen wir nicht eingehen. Vgl. hierzu die Verwaltungs-Berichte des Allgemeinen Knappschafts-Vereins in Bochum, die Geschäftsberichte der Knappschafts-Berufsgenossenschaft, Sektion II, G. Werner, Unfälle und Erkrankungen im Ruhrbergbau; Ergebnisse der Stein- und Kohlenfallkommission, 1. Sonderheft der P. Z. S. 90.

Tabelle 5[25].

Beim preußischen Bergbau ereigneten sich 1901—1910 im ganzen 307 tödliche und nicht tödliche Explosionen, deren unmittelbare Veranlassung oder doch als wahrscheinlich anzunehmende Veranlassung festgestellt wurde, wie folgt:

durch	absolut	%
Gebrauch offenen Grubenlichtes	13	4,23
Benutzung von Feuerung (Tabakpfeifen)	7	2,21
Unbefugtes Öffnen der Sicherheitslampe	6	1,95
Schadhaftigkeit der Sicherheitslampe oder Schadhaftwerden bei der Arbeit	81	26,38
Erglühen des Drahtkorbes der Sicherheitslampe	4	1,30
Glimmen von anklebendem Ruß, Öl usw. am Drahtnetze der Sicherheitslampe	1	0,32
Durchschlagen der Zündpille	3	0,97
Durchschlagen der Flamme durch das Netz der Sicherheitslampe, und zwar:		
a) infolge unvorsichtiger Bewegung der Lampe	71	28,66
b) „ zu großer Wettergeschwindigkeit	3	
c) „ sonstiger Ursachen	14	
Schießarbeit	87	28,33
Grubenbrand	3	1,63
Sonstige oder nicht ermittelte Ursachen	12	3,90
Summe:	307	99,88

Neben den Ersatz der Keilhauenarbeit durch die Schießarbeit, tritt der durch Abbauhämmer und Schrämmaschinen. Die Abbauhämmer werden gerade in den letzten Jahren im Ruhrrevier mehr gebraucht. So wurden z. B. auf der Zeche Mont Cenis Ende 1910 etwa 100 Abbauhämmer an 65 Betriebspunkten verwendet. Ihre Anwendung ist jedoch durch technische, wirtschaftliche und persönliche Motive begrenzt. „Der Abbauhammer eignet sich vor allem für steiles Einfallen, da dann seine Handhabung am leichtesten und bequemsten ist. Bei flachem Einfallen wird ein dauerndes Arbeiten mit dem Hammer dadurch zu anstrengend, daß der Arbeiter den im Verhältnis zur Keilhaue schweren Hammer meist in knieender, sitzender oder liegender Stellung mit beiden Händen halten, ihn außerdem mit ziemlicher Kraftanstrengung andrücken muß und der Rückstoß des Hammers sich in ständigen Erschütterungen sehr unangenehm bemerkbar macht. Die

[25] Zusammengestellt und berechnet nach der P. Z.

Folge davon ist ein baldiges Nachlassen der Leistung und häufiges Unterbrechen der Arbeit[26]." Nach den Erfahrungen, welche die Zeche Mont Cenis mit dem Abbauhammer gemacht hat, ist eine höhere Leistung gegenüber der Keilhauenarbeit von Hand, nur wenn die Kohle nicht zu weich ist, zu erreichen, und gegenüber der Schießarbeit nur bei einer festen, zähen Kohle, „wenn schrämbare Mittel im Flöze vorhanden sind, oder die Kohle Schlechten und Lösen in hinreichendem Maße enthält, auf denen der Hammer keilartig wirken kann", und dann, da die erfolgreiche Anwendung des Abbauhammers gute Kenntnisse des Gebirges voraussetzt, „so hat die Zeche aus ihrer Belegschaft einige besonders erfahrene Vorarbeiter herangebildet, die bei Übernahme eines Abbauhammers durch eine Kameradschaft diese in 3—4 Schichten in der zweckmäßigsten Ausnutzung des Hammers unterweisen[27]".

Die Schießarbeit wird daher, namentlich bei ansteigender Konjunktur, durch den Abbauhammer wohl nicht verdrängt werden, weil sie ungeschulte Leute gebrauchen kann. Als Vorteil des Abbauhammers wird angeführt, außer vorteilhaftere Produktion, daß er das Gebirge weniger beschädige, als es durch die Schießarbeit geschehe. Das ist anzunehmen; und insofern ist durch ihn ein ähnlich günstiger Einfluß auf die Unfälle zu erwarten, wie durch die Schrämmaschinen. Als damals 1899 auf Zeche Dorstfeld die Schrämmaschinen eingeführt waren, wurde darauf hingewiesen, daß durch sie das Gebirge weniger beschädigt würde, und man zog zum Beweis die abnehmende Entwicklung der Unfälle heran. Und das, was in dieser Hinsicht für die Schrämmaschinen gilt, dürfte auch für die Abbauhämmer gelten, obgleich uns hierüber keine Erfahrungen vorliegen.

Der Abbauhammer, der in seiner maschinellen Funktion dem Bohrhammer gleich ist, und auch Revolverbohrmaschine genannt wird, bringt für die Bergleute Nachteile mit: Er wird durch Preßluft angetrieben und führt die Schläge stoßweise gegen den Arbeitsstoß. Mit jedem Stoß aber erfolgt ein Rückschlag auf den die Maschine führenden Arbeiter, der ihn zu parieren hat. Die Gewalt dieser Stöße ist groß und bildet in ihrer raschen Folge eine dauernde Erschütterung des Körpers. Schwache Personen sind für diese Arbeit nicht geeignet und starke werden in ihrer Gesundheit durch sie wesentlich angegriffen. Ein Bergarbeiter schreibt darüber, gelegentlich einer Umfrage, welche

---

[26] Glückauf 1911, S. 456.
[27] Glückauf 1911, S. 457.

der Bergarbeiterverband über die Wirkungen der Revolverbohrmaschinen veranstaltete, das folgende: „Gesundheitsruinierend sind diese Maschinen dadurch, weil der Arbeiter sie selbst festhalten muß. Nur ganz kräftige Naturen sind in der Lage, dieses längere Zeit aushalten zu können. Aber auch der kräftigste Mensch wird ruiniert. Das fortgesetzte Rütteln, Stoßen hält niemand auf die Dauer aus. Der Bohrhammer führt in der Minute bis zu 60 Stößen aus. Jeder Stoß überträgt sich auf den menschlichen Körper. So wie bei einem Elektrisierapparat der elektrische Strom durch den Körper zieht, so auch zieht dieses fortgesetzte Rütteln und Stoßen durch den Körper; das zerrüttet das ganze Nervensystem. Wir werden also für die Zukunft auch mit nervenkranken Bergleuten rechnen müssen. Auch wirken die Maschinen noch durch die stärkere Staubbildung gesundheitsschädlich . . ." (BergarbeiterZeitung vom 12. März 1910.) Einige Verbesserungen sind ja allerdings inzwischen eingetreten. So soll sich diese Doppelventilsteuerung durch ein ruhiges, gleichmäßiges Arbeiten, und vor allem durch einen sehr geringen Rückstoß auszeichnen, wie sie z. B. bei den auf der Zeche Mont Cenis verwendeten Abbauhämmern angebracht sind. Auch für die Beseitigung des sich bildenden Stein- oder Kohlenstaubes hat die Technik Mittel gefunden; es sind zu diesem Zweck an den Maschinen Staubabsauge- und selbsttätige Vorschubvorrichtungen u. a. angebracht, die sich bewährt haben. Da aber diese Neuerungen auf vielen Zechen noch nicht eingeführt sind, so haben die Bergleute teilweise unter der bedeutenden Staubentwicklung noch zu leiden. Ob dagegen die Doppelsteuerung die Zerrüttung der Nerven der Bergleute verhindern wird, ist mehr als fraglich; denn auch geringe Stöße in rascher Folge geführt, müssen das Nervensystem angreifen! Der Geschäftsbericht des Allgemeinen Knappschaftsvereins in Bochum[28] pro 1910 bestreitet allerdings diesen

[28] Der Bericht enthält darüber folgende Stelle:
„Die Gesamtzahl der Nervenkrankheiten betrug im Berichtsjahre 4195 gegen 4151 des Jahres 1909. Bei der Besprechung der epidemischen Genickstarre wurde schon erwähnt, daß die Statistik 18 Erkrankungsfälle an Gehirnhautentzündungen bei 28 Todesfällen aus gleicher Ursache notiert. Im Jahre 1909 werden bei Hirnhautentzündungen 19 Erkrankungsfälle bei 22 Todesfällen erwähnt. Bemerkenswert ist die geringe Zahl der Rückenmarksschwindsucht und Rückenmarksentzündung einschließlich Schüttellähmung (3 und 4 Erkrankungsfälle.) Schon diese geringen Zahlen sprechen gegen die laut gewordene Annahme, daß durch die mit dem Gebrauch der modernen Bohrmaschinen verbundene Erschütterung des Körpers eine Erkrankung des Central-

ungünstigen Einfluß der Abbauhämmer auf die Bergleute, dem ist insofern aber keine entscheidende Bedeutung beizumessen, weil seine Grundlage auf einer zu kurzen Beobachtungszeit beruht; denn in dem Berichtsjahr standen die Abbauhämmer erst kurze Zeit (1—1 1/2 Jahre) und nur vereinzelt in Anwendung.

Als Ersatz der Keilhauenarbeit kommen schließlich noch die Schrämmaschinen in Frage; sie haben im Ruhrrevier nur vereinzelt, wo das Gebirge dazu geeignet war, Eingang gefunden.

In der zweiten Sitzung der Stein- und Kohlenfallkommission am 28.—29. März 1901 führte der Oberbergrat Scharf zu der Frage der Einführung der Schrämmaschinen aus, daß sie sich bei den Versuchen auf Dorstfeld ausgezeichnet bewährt hätten, und daß durch sie Flöze abgebaut werden konnten, die früher als nichtbauwürdig angesehen wurden, „weil der Versuch gezeigt hatte, daß zu ihrem Abbau viel Schießarbeit angewandt werden mußte, und daß bei ihm viele Unfälle vorkamen". Ganz anders sei es in bezug auf die Unfälle nach Einführung der Schrämmaschinen geworden, und so sei z. B. die Zahl der entschädigungspflichtigen Unfälle, die 1898 6,13 pro Tausend betragen habe, 1899, nach Einführung der Schrämmaschinen, auf 3,76 pro Tausend herunter gegangen. Die Einführung der Schrämmaschinen erfolgte jedoch aus wirtschaftlichen Gründen, und wenn sie trotz ihrer Wirtschaftlichkeit[29] so wenig Eingang im Ruhrrevier gefunden haben, so liegt das an technischen Schwierigkeiten.

An die Stelle der alten gefahrlosen Hereintreibearbeit mit Fäustel und Keil ist die gefährliche Sprengarbeit getreten. Gerade weil sie ein rascheres Arbeiten ermöglichte und sich dabei wirtschaftlicher verhielt als die Arbeit von Hand, wurde sie um so lieber angewandt. Sie machte aber im stillen ihre Rechnung auf, indem sie die Unfälle vermehrte. Im Ruhrrevier wurden pro 1901—1910 im ganzen 199 Mann oder 0,090 pro Tausend unter Tage durch Schießarbeit getötet; außerdem kamen in derselben Zeit durch Sprenggase 44 Mann um. Das sind zusammen 243 Mann, die die Schießarbeit direkt als Opfer verlangte, obgleich die bergpolizeilichen Vorschriften außerordentlich streng waren, die in der B.P.V. in den §§ 215—229 teilweise noch verschärft wurden und noch kürzlich verschärft worden sind, und alle noch über die Vorschriften des Sprengstoffgesetzes im allgemeinen hinausgehen.

nervensystems ausgelöst werden möchte. Auch eine speziell diesen Punkt betreffende Rundfrage bei allen Revierärzten hat keine Resultate ergeben, welche geeignet wären, diese Annahme zu stützen."

[29] 50—80% Erhöhung der Arbeitsleistung bei geringeren Selbstkosten.

Außer den direkten Opfern der Sprengarbeit ist nochmals auf die Tabelle 5 (Seite 27) hinzuweisen, woraus hervorgeht, daß in Preußen pro 1901/1910 von 307 Explosionen überhaupt 87 oder 28,33 % aller Explosionen durch die Schießarbeit veranlaßt wurden. — Das Ruhrrevier wird hieran schon seinen entsprechenden Anteil haben, der, weil die Statistik nicht spezialisiert genug ist, nicht angegeben werden kann. Und dann ist zu berücksichtigen, daß durch die Schießarbeit das Gebirge verschlechtert, der Stein- und Kohlenfall sowie das Hereinbrechen von Massen gefördert wird, und durch die sich bei der Entzündung der Schüsse bildenden Gase, die Grubenwetter noch verschlechtert werden.

Wurden früher die Bohrlöcher von Hand und später durch Handbohrmaschinen hergestellt, so erfolgt es heute fast ausschließlich durch Bohrhämmer (Revolverbohrmaschinen) mit ihren schädlichen Einflüssen, wie wir sie beim Abbauhammer kennen lernten.

C. Die Förderung unter Tage und die Fahrung.

I. Die Förderung unter Tage:
  1. Die Förderung auf etwa ebenen Strecken.
  2. Die Förderung auf ansteigenden Strecken. a) Die Förderung in Bremsbergen. b) Die Schüttelrutschen.

II. Die Fahrung.

1. Die Förderung auf etwa ebenen Strecken.

Die ausgedehnten Grubenbaue verlangten einen größeren Kreis der Förderwege, der nicht mehr so leicht zu übersehen und in Ordnung zu halten war. Dabei wuchsen die Ansprüche, die an die Förderung gestellt wurden, ständig; denn die gesteigerte, sich hastig vollziehende Produktion drängte die Förderung, sich ihren Bedürfnissen anzupassen, die daher gezwungen wurde, die gestiegene Arbeitslast in schnellerem Tempo zu bewältigen, um den regelrechten Betrieb aufrechtzuerhalten. Denn, da sich der Betrieb der Förderung auf einem mehr oder minder beschränkten Raum vollziehen muß, so kann die Arbeit nur durch ihre Beschleunigung erledigt werden. Daraus erklärt es sich, daß es uns, wie ein ununterbrochener Befehl in den Gruben entgegenschallt: „Volle zum Schacht! Wo bleiben die Leeren?" Es ist nun eine Erfahrungstatsache, daß irgend eine Arbeit nur dann schnell und zugleich ordnungsmäßig geleistet werden kann, wenn alle Mittel, die zu ihrer Erledigung dienen, auch wirklich in Ordnung sind. Die geringste Unordnung in den Mitteln verursacht größere oder geringere Folgen, je nach Art der Arbeit. Bei den Förderwegen unter Tage müssen wir daran denken, daß sie vielfach durch enge, niedrige, allgemein nicht erleuchtete Strecken führen und dann vermögen wir uns vorzustellen, daß Unregelmäßigkeiten hier besonders ungünstige Folgen haben müssen.

Das Verhalten des Gebirges spielt hier eine große Rolle; druckhaftes und quellendes Gebirge führt zahllose Hand- und Kopfverletzungen herbei. Da die Leute nichts von einer Veränderung des Querschnittes der Förderwege durch das Gebirge wissen, wollen sie in der gewöhnlichen Weise ihre Arbeit vollbringen und auf einmal sind die Finger geklemmt oder der Kopf gequetscht. Sehr oft werden auch Verletzungen der Hände dadurch herbeigeführt, daß die Förderwagen zu hoch beladen werden. Die Wagen stoßen daher in niedrigen Strecken an, wobei die überragenden Kohlenstücke gegen die Hände der Arbeiter geschleudert werden.

Wie die Strecken mitunter beschaffen sind, zeigt die folgende Stelle: „Zeche Friedrich Ernestine .... Besonders im zweiten Revier, bei Steiger M., sind die Pferdestrecken so niedrig, daß die Pferde sich den Rücken wundscheuern ...[30]"

Eine wirkliche Plage bilden die Entgleisungen der Förderwagen. Die Schienen haben sich aus irgend einem Grunde, meistens durch das Gebirge, verändert, und die Wagen, die schnell über sie hinweggleiten sollen, entgleisen. Der Pferdejunge befindet sich allein in der Strecke, oder Kameraden sind so weit entfernt, und er hebt den schweren Wagen allein wieder ein. Beides, sowohl ein schnelles Fahren, sowie das Einheben ohne Hebebaum durch eine einzelne Person ist bergpolizeilich verboten, aber dennoch geschieht es. Der Steiger drängt, daß die Vollen zum Schacht kommen und droht mit Strafe, wenn es nicht schnell genug geht. Der Pferdejunge in seiner Angst hebt den Wagen allein ein und überhebt sich.

Auch die Klage, betreffend das Schmieren der Förderwagen, ist noch nicht verstummt. Das unangenehme Gekrächze, das nichtgeschmierte Wagen veranlassen, ist noch auf vielen Zechen zu hören, weil die Förderwagen nach dieser Richtung hin vielfach vernachlässigt werden. Dieser Übelstand ist auf die hastige Produktion zurückzuführen. Es gibt schon von altersher Mittel, Wagen zu schmieren; es kommt nur darauf an, daß es geschieht. Das Schmieren kostet aber Zeit und Geld, die hier an der unrechtmäßigen Stelle gespart werden, jedoch ist zu erwähnen, daß auf manchen Zechen eine Verbesserung da-

---

[30] Bergknappe Nr. 25, 1912.

durch eingetreten ist, daß Förderwagen mit Kugellager im Gebrauch sind.

Im April 1912 hatte sich ein Pferdejunge vor dem Schöffengericht in Bochum wegen Mißhandlung eines Grubenpferdes, dem er mit einer eisernen Stange ein Loch neben dem After gestoßen hatte, zu verantworten. Er wurde bestraft und führte zu seiner Verteidigung an, daß der Steiger ständig zur schnelleren Fortschaffung der Wagen gedrängt habe, und da ihm das nicht möglich gewesen sei, wäre er mit Strafe bedroht worden; er habe daher, weil das Pferd auf gewöhnliche Art nicht zu schnellerem Lauf zu veranlassen war, mit einer Stange nach ihm gestoßen und habe es in der Dunkelheit so unglücklich getroffen. Das sagt genug!

Werner[31] sagt über das mangelhafte Schmieren der Förderwagen das folgende: „Nicht allein die Menschen, sondern auch die Pferde leiden darunter. Eine gewissenhafte Schmierung erfordert ziemliche Kosten; diese werden gescheut. In der Grube und auf der Hängebank (das ist der Punkt am Schacht, wo die Förderwagen auf den Förderkorb aufgeschoben werden. D. V.) quälen sich Schlepper und Lehrhauer an den steifen Wagen, und die Pferdejungen müssen die Pferde mit roher Gewalt antreiben, um überhaupt nur einen Zug zum Schachte zu bekommen. Und der Steiger! Was macht er, wenn er die Jungen und den Förderaufseher die Pferde mit Drahtpeitschen oder dicken Knüppeln mißhandeln sieht? Entweder er geht auf die Seite und will nichts sehen oder aber er schlägt mit drauf. Bekommt er keine Kohlen zum Schacht, dann verdient er keine Prämie oder er muß Strafdienst machen. Er ist also gezwungen, Bestialitäten zu dulden, von deren Scheußlichkeit sich schwer ein Begriff machen läßt."

Die Handverletzungen und der Verlust ganzer Fingerglieder sind besonders zahlreich bei den Schleppern und Lehrhauern. Das hängt auch wohl mit der Art der Förderwagen zusammen; sie sind aus Eisenblech gefertigt mit kantigem Rand. Da nun die Leute gezwungen sind, bei der Arbeit die Hand auf den Wagen zu legen, so folgt, daß bei einem Zusammenstoß als Widerstand immer das kantige Eisenblech in Frage kommt, wodurch sich die häufigen Verluste von Fingergliedern und sonstigen Verletzungen erklären lassen. Der Revierbeamte für Nord-Bochum berichtet über eine Einrichtung (im Jahre 1910), die dahin geht, diese häufigen Verletzungen zu vermeiden, folgendes: „Eine Einrichtung zur Verhütung der vielen Handver-

[31] G. Werner, Unfälle und Erkrankungen im Ruhrbergbau S. 8—9.

letzungen beim Bewegen der Förderwagen hat sich auf den Schachtanlagen 1—2 und 6—7 derselben Gewerkschaft (Konstantin der Große) sehr bewährt. Die Wagen sind mehr schräg nach innen gebogen, mit ringsum laufenden festen Aufsatzblechen versehen worden, in welchen an den beiden Stirnwänden des Wagens je zwei Aussparungen sich befinden, in die man hineinfaßt. Auf Schacht 1—2 sind nach Einführung dieser Schutzvorrichtung im verflossenen Jahre beim Hantieren mit Wagen keine Handverletzungen mehr vorgekommen, gegen fünf im Vorjahre; auf Schacht 6—7 ist die Zahl von 20 auf 3 heruntergegangen." Auf unsere Anfrage über diese Einrichtung bei der Verwaltung der Zeche, wurde uns in bereitwilliger Weise mitgeteilt, daß auf Schacht 1—2 im Betriebsjahre 1910—1911 und 1911—1912 (also nach Anbringung der Handschutzvorrichtung) nur je zwei Unfälle vorkamen. Auf Schacht 6—7 seien 1907—1909 zusammen 64 Finger- bzw. Handverletzungen gegen 12 für die Jahre 1910—1911, nach Einführung der Schutzvorrichtung, vorgekommen. Hiernach dürfte sich diese Neuerung wohl zur Nachahmung empfehlen.

Im Ruhrbergbau sind drei Arten der Förderung unter Tage gebräuchlich: Handförderung, Pferdeförderung und maschinelle Förderung. Eine Aufstellung über die prozentuale Verwendung dieser Arten konnten wir nicht erhalten. Pro 1901—1905 wurden bei diesen drei Förderarten im Ruhrrevier durchschnittlich jährlich 28 Menschen oder auf 1000 Mann unter Tage 0,139 getötet; 1906—1910 stieg diese Zahl aber schon auf 46 oder 0,164 pro 1000 Mann unter Tage. Diese große Steigerung der tödlichen Unfälle dürfte weniger auf die Beschaffenheit der Förderwagen, als auf die ständig hastende Produktion zurückzuführen sein.

2. Die Förderung auf ansteigenden Strecken.

Unter der Förderung auf ansteigenden Strecken verstehen wir die Förderung in Bremsbergen, Aufbrüchen, Aufhauen usw. Wir werden hier jedoch nur auf die wichtigste, die Förderung in Bremsbergen, näher eingehen.

a) Die Förderung in Bremsbergen. Der Bremsberg soll, wie wir früher sahen, die Förderung der gewonnenen Massen zwischen Teilsohlen oder von einer Teilsohle zur Grundstrecke oder durch Verbindung von zwei Sohlen den Hauptförderschacht entlasten. Er bildet „eine schiefe Ebene, auf der ein mit Fördergut angefüllter Wagen vermöge eines über eine Rolle geschlagenen oder sich auf einer Welle ab- und aufwickelnden Seiles mit durch eine Bremsvorrichtung geregelter Geschwindigkeit abgelassen und ein leerer aufgezogen werden kann". (Selbach.) Je nach seiner Art, besitzt der Bremsberg an beiden Enden oder bei jeder Einmündung einen Anschlag, das ist die Stelle in der Grube, wo die Förderwagen entweder auf den Förderkorb aufgeschoben und hier beim Bremsberg entweder auf den Bremsbock aufgeschoben oder mit dem Seil oder der Kette verbunden werden, um an ihr Ziel zu gelangen. Bei geringer Neigung des Bremsberges bis 30° können die Förderwagen direkt an das Bremstau gehängt werden, während sie bei größerer Neigung in der Regel auf ein besonderes Bremsgestell, den Bremsbock, aufgeschoben werden, der dann mit dem Seile oder der Kette befestigt wird. Am Ende des Bremsberges, der über den obersten Anschlag hinausgeht, befindet sich das Bremswerk in der sogenannten Bremskammer, wo der Bremser seinen Standort hat. Da die Bremsberge mehr oder minder steil ansteigen und durchweg nicht beleuchtet sind, so liegt darin ihre hauptsächliche Gefahr. Vielfach befinden sich ja an den Anschlägen nicht besondere Personen, die das Auf- und Abschieben der Förderwagen besorgen, sondern wird von den Schleppern mitbesorgt. Sie täuschen sich oft über die Nähe des Bremsberges oder des Standes des Fördergestelles und schieben den Wagen in den offenen Bremsberg hinein, wobei sie dann mitabstürzen. Das würde aber verhindert werden, wenn, wie es Vorschrift war und ist, die Zugänge mit den, für sie vorgeschriebenen und auch in der Regel bestehenden Sicherungen (Querbalken oder Türen) verschlossen würden. Verschiedene Arbeiter, die wir befragten, wie es komme, daß die Sicherungen nicht angewendet würden, antworteten, ‚daß dazu keine Zeit bliebe, wenn sie die Ansprüche des Steigers befriedigen müßten'[32]. Mit anderen Worten kann man sagen, daß die Produktion hierzu keine Zeit läßt; denn die Arbeiter befriedigen die Ansprüche des Steigers, um zu verdienen, und daher wird darauflos gewühlt, ohne Rücksicht auf bestehende Sicherheitsvorschriften. Diese Abstürze, die ja außerordentlich zahlreich sind, würden zweifellos aber durch helle Beleuchtung wirksamer bekämpft, als durch alle Vorschriften. Denn da die Leute gedankenlos ihrer Arbeit nachgehen, wäre es gut, ihre Sinne durch das Licht, das hell genug ist, auf die Gefahr des Absturzes recht deutlich hinzulenken, und sie so zum Nachdenken zu zwingen. Solange die trübe Beleuchtung an diesen gefährlichen Stellen bestehen bleibt,

[32] Von anderer Seite wurde uns jedoch angegeben, daß die Arbeiter vielfach auch zu nachlässig seien.

vor allem bei der herrschenden Produktionsart, müssen die allerbesten Sicherheitsvorschriften erfolglos bleiben, wie sie es ja auch gewesen sind.

Die Sicherheitsvorschriften waren schon durch die B.P.V. vom 23. März 1902 wirklich weitgehend und sind in der geltenden B.P.V. in den §§ 46—71 teils wörtlich, teils dem Sinne nach übernommen und teils noch ergänzt worden. Dennoch ist die Unfallziffer gestiegen: 1901—1905 wurden durchschnittlich jährlich durch Sturz in blinden Schächten und Strecken 55 Mann, gegen 70 1906—1910 getötet oder 0,274 pro 1000 Mann unter Tage, gegen 0,281 durchschnittlich 1906 bis 1910.

b) Die Schüttelrutschen. Unter Schüttelrutschen stellt man sich am besten schmale Rinnen von wechselnder Länge vor, die bei einem Flözeinfallen von 10—40^{0} bewegbar angebracht werden, um von Hand oder motorischer Kraft angetrieben zu werden. In diesen sogenannten Rinnen füllt man an der Abbaustelle die Kohlen, die dann infolge ihrer Neigung und durch den ihnen gewährten Antrieb in die Förderwagen gleiten, welche an der Förderstrecke für sie bereitstehen.

Die Schüttelrutschen werden im Ruhrrevier als Kohlentransportmittel immer beliebter, weil sie eine raschere Kohlengewinnung ermöglichen und in der Anlage viel billiger sind, als die teuren Bremsberge.

So werden z. B. auf Zeche Ludwig etwa 50 % der Gesamtförderung durch die Schüttelrutschen gewonnen. Sie sind aber auch auf vielen anderen Zechen im Gebrauch. Ihre große Anpassungsmöglichkeit an die Gebirgsverhältnisse, ihre viel billigeren Anschaffungs- und Unterhaltungskosten gegenüber den Bremsbergen haben ihnen diesen Eingang erleichtert, und die Erfahrungen, die man mit ihnen machte, scheinen dafür zu sprechen, daß sie noch eine große Zukunft haben. W. Pieper (über die Arbeitsweise der Schüttelrutschen usw., Glückauf 1911, Nr. 18) unterscheidet: „Schwingrutschen, die sich an Pendeln und Rollrutschen, die sich auf Rollen bewegen". Über die Arbeitsart der Schüttelrutschen schreibt er dort (Seite 686) das folgende: „Das Grundprinzip bei der Arbeitsweise der Schüttelrutschen läßt sich folgendermaßen kurz kennzeichnen: die Rutsche wird mit dem Fördergut vom Motor aufwärts gezogen, bewegt sich dann lediglich durch ihr Eigengewicht und das Gewicht des Fördergutes abwärts, während gleichzeitig der Motorkolben zurückgeht; dieser Abwärtszug hat möglichst schnell zu erfolgen, damit er dem Fördergute eine lebendige Kraft erteilt, die es nach Beendigung des Abwärtszuges selbsttätig ein Stück weiter rutschen läßt. Eine stoßartige Beendigung des schnellen Abwärtszuges ist für die Förderung von Vorteil; es ist aber zu berücksichtigen, daß sie eine erhöhte Beanspruchung der Rutschenteile mit sich bringt. Die Geschwindigdes Aufwärtszuges ist vollständig nebensächlich. Die Geschwindigkeit des Fördergutes und damit die Leistung der Rutsche ist, abgesehen von der Neigung und der Arbeitsweise der Rutsche, von der Reibung zwischen Rutsche und Fördergut abhängig."

Durch die Reibung der Kohlen in den Rutschen wird ein fortwährendes, heftiges Geräusch verursacht, das die Gehörnerven völlig ausschaltet, und je nach Art der Kohlen eine Menge Kohlenstaub gebildet. Da nun die Rutsche die besondere Eigenschaft hat, sich dem System der hastigen Produktion glücklich anpassen zu können, so wächst mit ihrer Einführung die Begierde, ständig mehr Kohlen zu fördern.

Wie die Einführung der Schüttelrutschen auf den ganzen Betrieb wirkt, erzählt ein Steiger anschaulich in Nr. 11, Jahrgang 1910 des Technischen Grubenbeamten, Organ des Deutschen Steigerverbandes: „Die Kollegen, die Rutschenbetriebe im Revier haben, führen wirklich kein beneidenswertes Dasein. Die ganze Schicht hindurch lebt man in der beständigen Angst, der ‚Soll' könnte mal nicht erreicht werden oder die ganze Geschichte könnte unter dem beständigen Getöse plötzlich zu Bruch gehen. Passieren Defekte an den Rutschen und es dauert etwas, dann stürmt man, von Furien gepeitscht, nach dem Herd der Störung, in der Aufregung sich nicht gerade stilvoll den Arbeitern gegenüber ausdrückend. Aber nein, so leicht geht es mit dem Fortstürmen nicht einmal! Auf der Kohlenstoßseite versperren Stücke Kohlen, das Holz zum Verbauen, Gezähe und dessen Inhaber den Weg in den dünnen Flözen. Auf der Bergeversatzseite sind Gesteinhauer mit Bergversetzen beschäftigt. Hier läuft man Gefahr, von einem Arbeiter mit einem Stein an den Kopf geworfen oder von einem gerade angezündeten Sprengschuß erschossen zu werden. In vielen Fällen ist der Weg schon bis an die Rutschen zugesetzt oder man muß des brennenden Schusses wegen wieder zurück. Dann sitzt man wie auf heißen Kohlen. Schließlich bleibt der Schuß aus und man weiß nicht, warum die Rutschen solange stille stehen! So beherrschen den Steiger die ganze Schicht hindurch Wut, Ärger und Angst, verdrossen geht er an den Arbeitern vorbei, er, der doch für die Sicherheit der Leute verantwortlich ist . . . . ."

Diese Darlegungen sind sehr erklärlich; denn die Anhänger der Schüttelrutschen, die Bergbesitzer, vermögen ja auch nur als ihre Vorteile, die große Wirtschaftlichkeit, zu rühmen. Und da bei der Wirtschaftlichkeit die erhöhte Förderung die erheblichste Rolle spielt, so folgt auch, daß sie ihre Einflüsse auf die Steiger und somit auf die Arbeiter ausüben muß. So lassen sich auch die häufigen Klagen der Bergleute über die Schüttelrutsche, von denen wir einige Beispiele unten anführen[33], erklären.

Wir haben vorher erwähnt, daß die Schüttelrutschen die Gehörnerven durch ihr Getöse ausschalten. Da aber der Bergmann, besonders bei schlechtem Gebirge, lediglich auf sein Gehör angewiesen ist, um die durch das hereinbrechende Gebirge drohende Gefahr wahrzunehmen, so erklären sich daraus die angeführten Unglücksfälle, die sich in Schüttelrutschenbetrieben zutrugen. Daher ist es verständlich, daß die Schüttelrutschen, außer der allgemeinen größeren Kohlenstaubbildung, im besonderen bei schlechtem Gebirge, die Gefahren vermehren. Es ist beachtenswert, daß sich unter den angeführten Beispielen die Möllerschächte befinden, die im Besitz des preußischen Staates sind. Staats- und Privatbetriebe unterscheiden sich hier also nicht.

[33] „Zeche König Ludwig 4—5. Im Schüttelrutschenbetrieb erhalten hier die Ortsältesten 30 Pf. pro Schicht mehr wie die anderen Hauer, natürlich nur, damit sie die anderen antreiben sollen. Es heißt immer, Kerls nur drauf, wir müssen doch mehr liefern wie die andere Schicht. Die andere Schicht hat eine andere Kohlennummer, so daß die Kontrolle, ob die eine Schicht ein paar Wagen mehr oder weniger liefert, sehr leicht möglich ist. Dadurch wird doch der Hetzerei nach Kohlen auf Kosten der Arbeitergesundheit — und Sicherheit Vorschub geleistet. Hauer, Bremser und Schlepper arbeiten im gleichen Gedinge. So greift eins ins andere, einer treibt den anderen . . . . . “ (Bergarbeiter-Zeitung vom 11. 6. 1910.)

„Auf Zeche Ewald, Schacht 3—4, ist es in einem Schüttelrutschenbetrieb zu wiederholten schweren Unfällen gekommen. An dieser Stelle ist das Hängende sehr schlecht und es ist ein Meter Nachfall vorhandeu. Im Laufe der vorigen Woche brach hier das Hängende durch, wobei der Kamerad Goraschewki getötet, ein anderer schwer verletzt wurde. Wie jetzt mitgeteilt wird, würde der Schüttelrutschenbetrieb nun mehr eingestellt. Warum ist man nicht schon eher zu der Einsicht gekommen?“ (V. Bl. vom 14. 5. 1912.)

„Möllerschächte (Gladbeck.) Am 16. Mai verunglückten hier die Hauer Zimnik, Lakowiak und Cucksa im Schüttelrutschenbetrieb des Steigerreviers 6, auf der 2. Sohle tödlich . . . . . Dieses Unglück scheint unsere Ansicht, daß die Schüttelrutschenbetriebe die Gefahren erhöhen, zu bestätigen. Wie uns gute Kenner versicherten, sind die Flözverhältnisse auf den Möllerschächten sehr schlecht und das Gebirge sehr druckhaft und gefährlich. Da war es jedenfalls nicht angebracht. noch Schüttelruischen einzuführen und die ohnehin großen Gefahren des Betriebes noch zu erhöhen.“ (Bergarbeiter-Zeitung vom 27. 5. 11.)

II. Die Fahrung.

Jede Bewegung, die darauf hinausgeht, Personen, sei es durch eigene oder fremde Kraft, von einer Stelle zur anderen zu bringen, also Klettern, Gehen oder Fahren durch Benutzung der Seilfahrt, heißt Fahrung und daher diese Tätigkeit fahren. Zur allgemeinen Beförderung der Bergleute in und aus der Grube dient heute die Seilfahrt. Neben der Seilfahrt stehen die Fahrten in Anwendung, das sind Leitern, welche in seigeren und tonnlägigen Schächten angebracht sind. In blinden (nicht zu Tage gehenden) Schächten haben sie den Zweck, die Leute durch Klettern an ihren Arbeitspunkt gelangen zu lassen. In zutagegehenden Schächten dienen sie im wesentlichen zur Aushilfe, z. B., wenn die Seilfahrt versagt, wenn während verbotener Seilfahrt oder sonst Leute von einer Sohle zur anderen müssen, oder in Fällen der Gefahr. Sie werden daher nur wenig benutzt und die Unfälle sind folglich auch gering; es wurden pro 1906—1910 im Ruhrrevier auf der Fahrt in zutagegehenden Schächten im ganzen 4 Menschen getötet oder 0,003 pro 1000 unter Tage.

Viel größere Bedeutung hat die Seilfahrt. Sie ist in den §§ 74—111 der geltenden B.P.V. eingehend geregelt. Die Benutzung des Förderseiles zur Fahrung wird von einer Genehmigung des Oberbergamtes, sowie von der Betriebserlaubnis überhaupt abhängig gemacht (§§ 75—76). Sie schreibt die tägliche Prüfung der Förderseile und sonstigen Einrichtungen, die zur Förderung dienen, vor (§ 89). Die Anstellung der Maschinenwärter wird von einer durch den Revierbeamten anerkannten Befähigung abhängig gemacht; er muß mindestens 24 Jahre alt sein und mindestens zwei Monate Produkte gefördert haben (Absatz 1); von der Anwesenheit eines zweiten Maschinenwärters kann abgesehen werden, wenn zuverlässig wirkende selbsttätige Sicherheitsapparate vorhanden sind (Absatz 3); der die Maschine führende Maschinenwärter darf nicht länger als 9 Stunden im Dienst gewesen sein (Absatz 4, § 90). Als Anschläger (Leute, die an den Anschlägen im oder am Schacht die Signale für den Maschinisten oder Bremser geben) dürfen nur zuverlässige, erfahrene Personen, nicht unter 21 Jahren, angestellt werden (§ 92).

Die Fahrgeschwindigkeit darf von der in der Genehmigungsurkunde des Betriebes angegebenen nicht überschritten werden (§ 99). Während der regelmäßigen Seilfahrt dürfen in anstoßenden Trummen desselben Schachtes Produkte nicht gefördert werden (§ 102). Alle Anschlagpunkte müssen, wo das Tageslicht fehlt, hell erleuchtet sein (§ 105). Die anzuwendenden Signale regelt der § 106. Alle Personen, die bei der Seilfahrt tätig sind, müssen die Vorschriften, die für sie gelten, mit einer schriftlichen Dienstanweisung erhalten (§ 107).

An Bestimmungen fehlt es hier wahrlich nicht; werden sie alle gewissenhaft befolgt, so genügen sie im allgemeinen.

Man darf jedoch nicht vergessen, daß die Kontrolle der ganzen Fördereinrichtungen aus natürlichen Gründen sehr schwierig ist. Zum Beispiel: Wer will bei einem Förderseil feststellen, ob seine inneren Litzen gut sind? Wer will feststellen, ob die Litzen an den Verbindungsstellen nicht bruchhaft geworden sind? Oder Schäden der Fördermaschine selbst, welche nicht gerade augenfällig sind? Für solche Fälle und unter Berücksichtigung, daß es doch Menschen sind, welche die Maschine leiten, die krank werden oder sich irren können, sind verschiedenartige Sicherheitsapparate an den Maschinen oder Körben angebracht, um zu verhüten, daß der Korb in den Schachtsumpf geht oder unter die Seilscheiben gezogen werden kann. Um den Absturz des Förderkorbes beim Reißen des Förderseiles oder Zwischengeschirres zu verhindern, werden die Fangvorrichtungen angewandt, die den Korb abfangen und festhalten sollen. „Sie beruhen sämtlich darauf, daß im Momente des Seilbruches durch Federkraft (Stahl- oder Gummifedern, gepreßte Luft) oder durch den Luftwiderstand unter einem Fallschirme, durch Menschenkraft oder widersinnigerweise sogar durch die Schwerkraft von dem Förderkorbe aus Fänger vorgestreckt werden und in feste Teile des Schachtausbaues eingreifen, oder an sie angepreßt werden und den Förderkorb entweder augenblicklich oder allmählich (bremsend) im Niederfallen aufhalten.“ (Selbach.) Die Fangvorrichtungen sind nach Selbach von 1890—1902 128 mal in Wirksamkeit getreten, und zwar 89 mal erfolgreich, bei 39 Versagern. Da die Fänger entweder in den Schachtausbau eingreifen müssen oder sich daran festpressen, so hängt der Erfolg von dem ordnungsmäßigen Zustande des Schachtausbaues ab. Dafür soll die Kontrolle sorgen, die allerdings nach der folgenden Stelle des Bergknappen, die er am 29. Oktober 1910, anläßlich des Schachtunglückes auf Shamrock 1—2 veröffentlichte, zu wünschen übrig läßt: „Allgemein möchten wir hier bemerken, ohne irgendwie auf Shamrock zu replizieren, daß in einer Reihe von Fällen das Versagen der Fangvorrichtungen auf ungenügende Kontrolle der Vorrichtungen und Schachtleitungen zurückzuführen war. Einige Male waren die Spurlatten so verschlissen, daß die Vorrichtungen nicht eingreifen konnten. Verschiedentlich auch waren die Schachtleitungen nicht stark genug, den Stoß des hinunter- bzw. heraufsausenden Korbes aufzuhalten und wurden zertrümmert.“

Um das Zuhochgehen des Korbes zu verhindern, läßt man wohl das Schachtgerüst nach oben enger zulaufen, damit es sich festklemmen soll. Dieses Verfahren ist technisch schwierig, weil es besondere Ansprüche an das Material stellt, da immer mit den gewaltigen Kräften zu rechnen ist und Gefahr besteht, in dem verengten Schachtgerüst erdrückt zu werden und vielleicht noch abzustürzen. Zu dem gleichen Zweck, das Zuhochgehen des Korbes zu verhindern, wird ein anderes Verfahren angewendet, das darin besteht, im Falle des Übertreibens des Korbes, die Verbindung zwischen dem Korb und dem Seil auszuschalten, um dadurch die Gefahr zu beseitigen. Außerdem steht auch ein Verfahren in Anwendung, das in allen Fällen der Gefahr durch Hebelvorrichtung, welche durch einen Signalapparat in Tätigkeit tritt, auf die Dampfmaschine so einwirkt, daß sie still gesetzt wird.

Alle diese Mittel bilden keinen absoluten Schutz. Es kommt immer wieder vor, daß der Korb zu hoch gezogen wird. Zum Beispiel war das auf der erwähnten Zeche Shamrock der Fall, wo etwa zwei Monate nach dem Unglück bei der Leutebeförderung der Förderkorb (bei der Produktenförderung zum Glück allerdings) bis unter die Seilscheiben ging. Es kommt darum bei diesen Vorbeugungsmitteln gegen das Zuhochgehen, wie es bei denen gegen das Zutiefgehen der Fall ist, auf eine ordentliche Kontrolle an. Hierneben ist die Zuverlässigkeit und Tüchtigkeit der Maschinenwärter und Anschläger zu berücksichtigen. Denn nicht selten sind Unfälle durch unrichtige Signale oder dadurch herbeigeführt worden, daß der Maschinist zu unbekannt mit dem Funktionieren der Maschine war, sie zu schnell laufen ließ, die Gewalt über sie verlor und kopflos wurde. Der Korb saust dann entweder nach oben oder in den Schachtsumpf, wie z. B. bei dem schweren Schachtunglück[33a] der Zeche Hannibal 1, am 10. August 1911, durch das 18 Personen durch Bein- und Rückgratbrüche schwer und 26 leicht verletzt wurden. Bei der gerichtlichen Untersuchung der Ursache dieses Unglücks wurde festgestellt, daß der Maschinist schuldig sei, der daher mit Gefängnis bestraft wurde. Als damals die Schreckenskunde von diesem Unglück durch Bochum eilte, hörte man jedoch, daß in dem fraglichen Schacht der Korb immer ruckweise

[33a] Sollte dieses Unglück vielleicht damit zusammenhängen, daß, wie es üblich ist, die in die Grube gehenden Körbe voll belastet sind, während ihnen bei den ersten Fahrten das Gegengewicht fehlt, weil die zutage gehenden Körbe leer sind? Denn dadurch, namentlich bei der Koepeförderung, treten große Schwankungen ein, und hiermit hängt es zusammen, daß die Maschinisten die Gewalt über die Maschinen verlieren.

hinunter gegangen sei und die Leute daher nur sehr ungern in ihm gefahren wären. Es ist sonderbar, daß etwa zwei Monate später folgendes in der Bergarbeiterzeitung (Nr. 42, 1911) zu lesen war: „Zeche Hannibal. Kaum sind zwei Monate ins Land gegangen seit dem großen Schachtunglück auf dieser Zeche, und schon wieder erhalten wir Mitteilungen, daß bei der Seilfahrt der Korb in derselben ruckweisen Art fährt, wie vor dem Unglück. Die Arbeiter betreten den Korb nur mit Angst und Schrecken, und jeder sucht möglichst im anderen Schachtturm einzufahren, wo die Maschine ruhig und sicher fährt ....“

Aus Anlaß der Schachtunglücke hat sich der Fördermaschinistenverband am 21. Oktober 1910 mit einer Eingabe an die fünf preußischen Oberbergämter gewandt, in der gesagt wird, daß diese Unfälle wohl teilweise darauf zurückzuführen wären, daß die Leute, welche die Maschine führten, nicht genügend ausgebildet seien. Sie stellt daher die Forderung auf: 1. Maschinenwärter dürfen nur angestellt werden, wenn sie das 25. Lebensjahr vollendet, mindestens ein Jahr Produkte gefördert haben, von einem Maschinentechniker an der Maschine geprüft und als befähigt anerkannt worden sind. 2. Es sollen während der Seilfahrt stets zwei Fördermaschinisten im Maschinenraum anwesend sein; anderen Personen, außer dem Maschinensteiger, sei der Zutritt zu verbieten. 3. Der Maschinenwärter dürfte in der Regel nur 9 Stunden täglich beschäftigt werden; die Ruhezeit zwischen zwei Schichten müsse mindestens 8 Stunden betragen.

Zur Begründung wird unter anderem angeführt, daß es bis jetzt im Ermessen des Revierbeamten liege, Maschinenwärter ohne angemessene Lehrzeit und Erfahrung zu verpflichten; hierbei sei es üblich, die Maschinenwärter einmal in Gegenwart des Revierbeamten Produkte fördern zu lassen, ohne sonstige Prüfung würde sich lediglich auf die Empfehlung der Maschinenwärter durch die Grubenverwaltungen verlassen[34]. Es sei vorgekommen, daß Maschinenwärter vom Revierbeamten verpflichtet und zugelassen wurden, die kaum einige Stunden angelernt waren. Eine gründliche Ausbildung könne nur durch eine längere Lehrzeit erlangt werden. Unbefugte Personen dürften darum nicht in den Maschinenraum kommen, um den Maschinenwärter in seiner Aufmerksamkeit nicht zu stören. Seine Tätigkeit sei geistig sehr

[34] Der frühere österreichische Oberbergkommissar F. Busson führte in Brauns Annalen für soziale Politik (1912) die Unfälle in Preußen u. a. darauf zurück, daß die technischen Beamten nicht genügend vorgebildet seien, und die Bergbehörde bei der Prüfung der Befähigung mitunter nicht scharf genug verfahre.

anstrengend, und dazu komme noch, besonders im Sommer, die Temperatur des Maschinenraums.

Dieser Eingabe ist im wesentlichen für den Oberbergamtsbezirk Dortmund durch die geltende B.P.V. nicht entsprochen, wenn sie auch teilweise berücksichtigt wurde. So z. B. verlangte die Eingabe ein Jahr Lehrzeit, während die B.P.V. nur zwei Monate vorschreibt; die Prüfung des Maschinenwärters sollte durch einen Maschinentechniker vorgenommen werden, während sie, wie bisher, dem Revierbeamten überlassen bleibt.

Bei einem Beruf ist es die Regel, daß, bevor er ausgeübt wird, eine Lehre irgend welcher Art und Mindestdauer vorangehen muß; soll der Beruf aber in allen seinen Zweigen sicher geübt werden, so ist dazu eine längere Erfahrung gewiß notwendig. Und bei den Maschinenwärtern, wo der kleinste Fehlgriff bedenkliche Folgen haben kann, wäre es durchaus angebracht, die Leute durch längere Lehrzeit, als sie durch den § 90 der geltenden B.P.V. vorgesehen ist, der die Mindestdauer auf nur zwei Monate festsetzt (vgl. Seite 39), sicher zu erziehen in der Handhabung der Maschine, bevor sie zur Personenförderung zugelassen werden. Wir sind der Ansicht, daß die Vorschriften des erwähnten § 90, der hier in Frage kommt, bei gewissenhafter Anwendung und Auslegung, genügen können, aber nicht genügen müssen!

Im Durchschnitt pro 1906—1910 wurden bei der Seilfahrt 17,4 Personen getötet oder auf 1000 Mann unter Tage 0,070.

Für die Fahrung (also Gehen) in ebenen Pferdeförderstrecken kommt der § 112 in Frage, der bestimmt, daß, wenn in diesen Strecken nicht soviel Platz ist, daß fahrende (gehende) Personen den Zügen ausweichen können, in Abständen von höchstens 60 m, Nischen hergestellt werden müssen. Dadurch soll den Schürfungen, Quetschungen und sonstigen Verletzungen vorgebeugt werden. In ebenen Strecken mit Seil- oder Kettenförderung, welche während der Förderung zur Fahrt benutzt werden sollen, muß neben oder zwischen den Förderwagen ein gut fahrbarer Raum von mindestens 80 cm Breite sein; die Fördergeschwindigkeit darf hier 60 m in der Minute nicht übersteigen (§ 113). Für Schächte, Bremsberge, Fahrüberhauen, Gesenke, Abhauen, Aufbrüche usw. gelten die §§ 114—121.

Zur Seilfahrt dienende Schächte und Bremsberge müssen von der Hängebank bis zum Tiefsten mit gut fahrbaren Fahrabteilungen versehen sein (114,2). In Fahrschächten, Fahrüberhauen und Fahrabteilungen mit mehr als 70° Neigung, müssen in Abständen von höchstens 10 m Ruhebühnen angebracht sein; sind sie mehr als 10 m tief, dürfen die Fahrten höchstens 80° Neigung haben. Die Fahrlöcher müssen in solchen Fällen von den Fahrten gedeckt sein, wenn es nicht durch besondere Umstände unmöglich gemacht wird (§ 115). Die Förderabteilungen in Schächten und Bremsbergen mit höchstens 20° Neigung dürfen zum Fahren benutzt werden, wenn der Revierbeamte die schriftliche Genehmigung hierzu gegeben hat. Allgemein gelten, wenn der Revierbeamte nicht anders verfügt hat, dabei folgende Vorschriften:

1. Während der Förderschicht muß sowohl ein Anschläger am Fuße des Schachtes oder Bremsberges, als auch ein Maschinist oder Bremser an der Fördereinrichtung ununterbrochen anwesend sein, sofern es sich nicht nur um einen Betriebspunkt handelt. 2. Als Abnehmer und Bremser dürfen nur solche Personen angestellt werden, die 21 Jahre alt sind und mindestens zwei Jahre unter Tage gearbeitet haben; sie müssen insbesondere mit den Absätzen 4—5 dieses Paragraphen bekannt gemacht werden. 3. Die Signalvorrichtung muß so beschaffen sein, daß Anschläger und Maschinisten oder Bremser sich gegenseitig damit Signale geben können, die an allen Anschlagspunkten vernehmbar sind. 4. Beginn und Schluß der Förderung sind vom Anschläger durch ein vorgeschriebenes Signal anzukündigen; dieses Signal muß vom Maschinisten oder Bremser an den Anschläger zurückgegeben werden. Das Signal zum Beginn der Förderung darf erst gegeben werden, nachdem der Anschläger durch Befahrung des Schachtes oder Bremsberges festgestellt hat, daß keine Leute darin sind. 5. Das Befahren des Schachtes oder Bremsberges ist den Arbeitern während der Förderung in der Regel untersagt (§ 118). Das Betreten des Schachtes oder Bremsberges ist nur in den im § 119 aufgezählten Fällen erlaubt.

In Schächten und Bremsbergen werden häufig Unfälle dadurch herbeigeführt, daß die Leute die Fördereinrichtung zum Fahren benutzen, obgleich es verboten ist, und dabei verunglücken. Vor kurzem wurde auf der Zeche Bruchstraße ein Steiger tot im Förderwagen eines Aufbruches gefunden; es heißt, daß er durch einen sich lösenden Bolzen erschlagen worden sei.[35]. Außerdem werden die flachen Brems-

[35] Die Dortmunder Arbeiter-Zeitung vom 23. 6. 12. schrieb über diesen Fall u. a.:

„In unserem Besitz befindet sich ein Zettel folgenden Inhalts:

Herrn Steiger Johnen!

Sie müssen wegen der schlechten Förderung von gestern heute morgen anfahren.

berge, entgegen den bestehenden Vorschriften, während der Förderung von Beamten und Arbeitern betreten[36].

D. Die Beleuchtung.

Wir haben wiederholt darauf hingewiesen, daß in den Grubenräumen und Strecken durchweg keine Beleuchtung ist, also völliges Dunkel herrscht. Eine Ausnahme hiervon machen nur die Anschlagepunkte der zutagegehenden Schächte, und neuerdings die Strecken, in denen maschinelle Förderung umgeht. Wir haben auch darauf hingewiesen, daß in Bremsbergen die Abstürze infolge des fehlenden hellen Lichtes begünstigt werden. An den Anschlägen sind die Leute (in blinden Schächten und in Bremsbergen) auf das schwache Licht einer Sicherheitslampe angewiesen, die das Dunkel nur in allernächster Nähe und auch da nur schwach, zu durchdringen vermag. Warum wird hier an den besonders gefährlichen Punkten keine helle Beleuchtung angebracht? Die helle Beleuchtung vermag den Arbeiter über irgendwelche Mängel aufzuklären und ihn darauf hinzuweisen, und so die ihm durch Absturz oder sonst drohende Gefahr zu beseitigen.

Die Beleuchtung ist in der B.P.V. in den §§ 164—172 geregelt. Allgemeines über die Lampen sagt der § 164; er verbietet im Absatz 1 den Gebrauch offenen Lichtes und läßt ihn nur in Ausnahmefällen zu; Absatz 2 bestimmt, daß elektrische Lampen nur in Ausnahmefällen Verwendung finden dürfen (bei Rettung verunglückter Personen oder in zutagegehenden Einziehschächten usw.). Absatz 3 bestimmt, daß im allgemeinen nur Sicherheitslampen Verwendung finden dürfen. Be-

---

Melden Sie sich gleich bei mir, um dann mit mir Revier X zusammen zu befahren.

11./6. 12. Brandegger.

Steiger Johnen hatte Mittagschicht, mußte aber Mittwoch morgen wieder anfahren wegen der schlechten Förderung. Steiger Johnen mußte aber auch Samstag morgen wieder noch anfahren, obwohl er nicht Morgenschicht hatte, und Samstag passierte das Unglück. Wie uns mitgeteilt wurde, war der Steiger Samstag mittag bereits ausgefahren, aber vom Fahrsteiger wieder in die Grube hineingeschickt worden wegen angeblich schlechter Förderung. Kurz darauf ist das Unglück passiert."

Unsere Anfrage bei der Redaktion dieser Zeitung, ob eine Berichtigung von der Zeche erfolgt sei, blieb unbeantwortet.

[36] Werner sagt, (Was kann der deutsche Bergbau von England lernen? S. 37.) Trotzdem es verboten wäre, gingen Steiger, Schichtmeister und Arbeiter in flachen Bremsbergen während des Betriebes auf und ab.

achtenswert ist der Absatz 1, Ziffer c des § 166, der bestimmt, daß jede Lampe mit zwei Drahtkörben versehen sein muß, während bisher nur ein Drahtkorb gebräuchlich war. Die Lampen sind den Arbeitern bei der Anfahrt in gereinigtem, unbeschädigtem und wohlverschlossenem Zustand zu übergeben (§ 168, 1). Die Arbeiter sind verpflichtet, die ihnen übergebenen Lampen vor der Anfahrt auf die Unversehrtheit der Drahtkörbe und des Glaszylinders, sowie auf ihren Verschluß zu prüfen und mangelhafte Lampen sofort zurückzugeben (§ 169, 2). Die Abteilungssteiger sind verpflichtet, solche Arbeiter, die mit der Behandlung der Sicherheitslampen in Gasgemischen nicht vertraut sind, über die mit unvorsichtiger Bewegung der Lampe, besonders beim Abprobieren der Wetter, verbundenen Gefahren zu unterweisen (§ 170). Es ist verboten, mit einer nichtverschlossenen oder nicht von der Grubenverwaltung gestellten Lampe anzufahren; ebenso das Öffnen oder Beschädigen der Lampen u. a. (§ 172, 1).

Wenn wir die Tabelle 5 (Seite 27) betrachten, so finden wir, daß von 307 tödlichen und nichttödlichen Explosionen, die sich 1901—1910 in Preußen ereigneten, 81 oder 26,38 % durch Schadhaftigkeit der Sicherheitslampe oder durch ihr Schadhaftwerden bei der Arbeit veranlaßt worden sind. Wären die für diese Zeit geltenden weitgehenden Vorschriften tatsächlich durchgeführt worden, die sich im wesentlichen mit den angeführten heute geltenden decken, dann wäre es nicht denkbar, daß so viele Explosionen durch schadhafte Lampen veranlaßt werden konnten. Die Zahl der schadhaften Lampen, welche nach dem Anteil an den Explosionen 87 betragen hat, muß bedeutend größer sein, da doch eine Explosion ein bestimmtes Gasgemisch voraussetzt, das nicht ständig und auf jeder Grube angetroffen wird. Bei einer plötzlichen Revision auf Zeche Viktor 1, am 2. Januar 1911 morgens vor der Anfahrt, wurden etwa 20—30 Arbeiter mit 50 Pfennig bestraft, weil sie schadhafte Lampen angenommen hatten. (Bergarbeiterzeitung Nr. 3, 1911.) Dieser Fall zeigt, in welchem Zustande die Lampen allgemein sein müssen, wenn man die Tabelle 5 mitberücksichtigt. Es werden auch in den Organen der Arbeiter häufig Klagen über den Zustand der Lampen geführt. In Nr. 9, 1911 des Bergknappen heißt es von der Zeche Prosper 1, daß die Lampen in keinem guten Zustande seien, und von der Zeche Werne, daß es Tag für Tag vorkomme, daß die Lampen nicht in Ordnung wären. Die Vorschriften waren damals so wie sie heute sind; darum ist von ihnen keine Besserung zu erwarten. Aber vielleicht vermag das Oberbergamt darauf hinzuwirken, daß sie besser durchgeführt werden[37]. Eine Besserung der Verhältnisse ist allerdings durch die neue Vorschrift,

[37] Zwei Sicherheitsmänner der Zeche Dorstfeld hatten im Jahre 1910 ihre kontrollierende Tätigkeit auch auf die Sicherheitslampen ausgedehnt und beschädigte Lampen gefunden. Sie haben diese Kontrolle vernünftiger Weise, nach unserer Ansicht, über Tage vorgenommen. Als die Zechenverwaltung von dieser Kontrolle, die zuletzt am 17. 10. 10. stattfand, erfuhr, wurde es den Sicherheitsmännern verboten diese fortzusetzen und am 23. Oktober 1910 wurden sie mit der Begründung entlassen, Sicherheitslampen vorsätzlich beschädigt zu haben. Sie waren damit ihres Amtes als Sicherheitsmann enthoben. Trotz dieser Beschuldigung wurden sie jedoch am 17. November als Arbeiter auf der Zeche wieder eingestellt, aber auf einer anderen Steigerabteilung, wie bisher, beschäftigt; sie konnten also für ihre früheren Steigerabteilungen als Sicherheitsmänner überhaupt nicht mehr in Frage kommen.

Die Klage der Sicherheitsmänner beim Berggewerbegericht auf Wiedereinsetzung in ihr Amt und Schadenersatz wurde mit der Begründung abgelehnt trotz widersprechender Zeugenaussagen, weil das Gericht als erwiesen ansah, daß sie vorsätzlich Sicherheitslampen beschädigt hätten. Dieses so ergangene Urteil ist auch vom Landgericht unter gleicher Begründung bestätigt worden, nachdem noch ein Gutachten über die Beschädigung der Lampen eingeholt worden war.

Obgleich wir den guten Glauben der entscheidenden Gerichte nicht im geringsten in Zweifel ziehen, so vermögen wir uns diesen Urteilen nicht anzuschließen aus folgenden Gründen:

1. weil die belastenden Aussagen, wie es der Fall war, von Leuten stammen, die für die Ordnungsmäßigkeit der Lampen verantwortlich und daher persönlich interessiert waren
2. weil die Lampen, wenn sie den Leuten abgeliefert werden, schon länger brennen, die Lampenkörbe darum heiß sein müssen
3. weil, unter Berücksichtigung des unter 2. Gesagten, eine vorsätzliche Beschädigung wirklich tadelloser Lampen den Beschädiger selbst verletzen mußte, da hierzu ein starker Druck notwendig ist und angenommen werden kann, daß man zur Zeit der Anfahrt, wo ein lebhafter Verkehr an der Lampenbude stattfindet, wohl nicht die Zeit hatte, unbemerkt die Lampen zu löschen, erkalten zu lassen, zu beschädigen, wieder anzuzünden und dann als beschädigt abzuliefern
4. weil die Wiedereinstellung dieser Sicherheitsmänner als Arbeiter ganz kurze Zeit nach ihrer Entlassung am besten dafür spricht, daß die Zeche selbst nicht von ihrer Schuld überzeugt gewesen sein muß, denn sonst wäre doch die Wiederbeschäftigung solcher Leute, die vorsätzlich Lampen beschädigen, nicht zu verstehen. Ja, durch den weiteren Umstand, daß sie in einer anderen, als der bisherigen Steigerabteilung beschäftigt wurden, wird erst verständlich, worauf es der Zeche ankam: nämlich die Sicherheitsmänner als solche zu

daß die Sicherheitslampen zwei Drahtkörbe haben müssen, zu erwarten. Denn das Durchschlagen der Flamme durch das Netz der Sicherheitslampe, wodurch 1901—1910, nach Tabelle 5, 88 = 28,66 % von 307 Explosionen veranlaßt wurden, wird dadurch sicher erschwert.

E. Die Grubenwetter.

1. Allgemeines.

Es ist eine sonderbare, sich allgemein gleichbleibende Naturerscheinung, daß wir die atmosphärische Luft stets in folgendem chemischen Verhältnis antreffen: 79 % Stickstoff (N), 20,96 % Sauerstoff (O) und 0,04 % Kohlensäure (CO_2); außerdem kommt als beständige Beimengung Wasserdampf hinzu und als gelegentliche Beimengung Ammoniak, Kohlenoxyd, Kohlenwasserstoff, Staub und Ruß. Die Hauptbestandteile bilden also Stickstoff und Sauerstoff, und „dieses Gemenge, bei bestimmten Temperaturen, Druck- und Feuchtigkeitsgehalt, ist die Basis des Körperbaues, des Gedeihens und Wohlbefindens aller organischen Lebewesen" (Entw., Band 4); es darf hierbei die wohltätige Wirkung des Sonnenlichtes nicht vergessen werden.

---

beseitigen! Denn nach dem Gesetz scheidet ein Sicherheitsmann dann aus seinem Amte aus, wenn er aus dem Arbeitsverhältnis ausscheidet (§ 80 f o), folglich waren in ihrer alten Steigerabteilung die Ämter der Sicherheitsmänner neu zu besetzen; wurden sie aber hier wieder beschäftigt, so lag materiell nichts gegen sie vor, um nicht als Sicherheitsmänner wiedergewählt werden zu können. Um das aber zu verhüten, glauben wir, geschah die Beschäftigung in einer anderen, als der gewohnten Steigerabteilung.

In diesem Zusammenhang sei auch eine Beschränkung erwähnt für die Tätigkeit der Sicherheitsmänner, die in einem Rekursbescheid des Ministers zum Ausdruck kommt (vgl. „Glückauf" vom 15. 7. 1911.) Da sie hiernach nicht das Recht haben, ihre Kontrolle auf die Lampenbude u. a. auszudehnen. Das wäre doch sicher nach unseren Ausführungen zu der Veranlassung von Explosionen notwendig!

Das organische Leben beruht auf einem ständigen chemischen Prozeß, auf einem ständigen Stoffwechsel, der durch Verbrennung oder Spaltung von Molekülen chemische Energie erzeugt, sie in Wärme und mechanische Arbeit umsetzt und so die Tätigkeit der Organe veranlaßt. Das Wesen der Atmung aber, eine Form des Stoffwechsels, liegt nicht in der mechanischen Tätigkeit der Lungen, sondern darin, daß mit jeder Inspiration den Lungen neue, frische Luft zugeführt wird, eine Tatsache, die um so bedeutungsvoller ist, da sie für den gesamten Blutkreislauf eine ganz besondere Stellung einnehmen. (Du Bois-Reymond, Physiologie, Seite 83.)

Die Luftmenge, welche die Lungen gebrauchen, ist verschieden, je nach dem, ob der Mensch jünger oder älter, größer oder kleiner ist, oder ob er sich in Ruhe oder bei der Arbeit befindet. Bei einer relativ möglichen Ruhe des Körpers nimmt man an (nach Du Bois-Reymond), daß der Mensch etwa 200 ccm Luft bei jedem Atemzuge ein- und ausatmet; das entspricht einer Luftmenge von 3—4 l pro Minute. Bei höchster Kraftanstrengung des Körpers nimmt man den Luftgebrauch auf 36—45 l pro Minute an, bei etwa 40 Atemzügen. Um also den arbeitenden Menschen am Leben zu erhalten, könnte man sich darauf beschränken, ihm das äußerste Maß von 35—45 l frischer Luft pro Minute zuzuführen, wenn man nicht wüßte, daß die Ausatmungsluft ihre Zusammensetzung gegenüber der Einatmungsluft, welche der atmosphärischen beispielsweise entsprochen haben soll, verändert hat. Statt 20,96 % Sauerstoff der Einatmungsluft findet man etwa 17 % bei der Ausatmung; dagegen aber statt 0,04 % Kohlensäure 4 %, während der Stickstoff mit 79 % wiedererscheint. Die Ausatmungsluft im Verein mit mehr oder minder großen lokalen Beimengungen vermischt sich aber ständig mit der frischen neu zugeführten Luft und verschlechtert sie dadurch. Daher muß eine Luftzufuhr diesen Momenten Rechnung tragen und sich den örtlichen Verhältnissen jeweils anpassen. Handelt es sich um Betriebe über Tage, so regelt sich die Luftzufuhr allgemein auf natürlichem Wege von selbst; anders dagegen bei Betrieben unter Tage, wie in Bergwerken, wo die Luft durch viele Substanzen verschlechtert wird.

Die Luft in den Bergwerken nennt man Wetter, ohne Rücksicht auf ihre chemische Zusammensetzung zu nehmen. Man unterscheidet frische oder gute Wetter, die nach ihrer chemischen Zusammensetzung sich der atmosphärischen Luft nähern, und schlechte oder böse und matte Wetter. Enthalten sie nur wenig Sauerstoff und sind schwer atembar, so heißen sie matte Wetter, enthalten sie giftige Gase, so heißen sie böse Wetter.

Enthalten die Wetter brennbare, explosionsfähige Gase, so bezeichnet man sie als schlagende Wetter. Die planmäßige Wetterversorgung der Gruben wird als Wetterwirtschaft bezeichnet. Sie ist darauf gerichtet, die schlechten Wetter der Grube zu entziehen und frische Wetter hineinzuleiten. Zu ihrer Durchführung gehört grundsätzlich ein ordentlicher Querschnitt der Wetterwege, auf die allerdings bei der Vorrichtung geachtet werden muß und wird, weil die Bergbehörde einen bestimmten Querschnitt verlangt, wie wir früher sahen. Später, wenn die Grube völlig im Betrieb ist, kommt es auch darauf an, daß die Wetterwege in gutem Zustand erhalten werden. Das ist aber leider sehr oft nicht der Fall: „Die Wetterführung wird ja heute von einem besonderen Wettersteiger geleitet, so daß in den allermeisten Fällen ein guter Plan für die ganze Wetterwirtschaft vorhanden ist. Die Vorrichtungsarbeiten bzw. die Neuanlagen, wie Wetterstrecken, Wettertüren, Blenden usw., werden größtenteils richtig ausgeführt. Aber niemand frage, wie sie instand gehalten werden. Ein kleines Beispiel möge die Illustration dazu liefern: Auf Zeche Neumühl waren in dem östlichen Revier einige Hundert Meter Wetterstrecken, Wetterabhauen und Wetterberge. Der Steiger hatte für diese Strecken sechs Reparaturhauer beantragt, der Fahrsteiger bewilligte aber nur vier Mann. Das allerschönste war jedoch, daß jede Woche zweimal Befehl vom Betriebsführer ausgegeben wurde, sämtliche Reparaturhauer müßten vor die Kohle gelegt werden. Dadurch kam es, daß die Properität in den Strecken viel zu wünschen übrig ließ. Da das nach Ansicht des Betriebsführers an der mangelnden Aufsicht lag, mußten die Steiger Listen anlegen, in die sie jeden Tag eintrugen, welche Wetterstrecken sie befahren hatten. Bestellte der Steiger nun, diese und jene Leute machen die Reparaturen, so bestellte der Betriebsführer und Fahrsteiger abends bei der Anfahrt, die Arbeit hätte noch einen Tag Zeit, und die Leute mußten Kohlen hauen. So ging es Tag für Tag, und kam eine Befahrung von seiten des Inspektors, Direktors oder Bergrats, so erklärten Betriebsführer und Fahrsteiger im Tone höchster sittlicher Entrüstung, unter Vorlage des Buches, sie hätten Befehl gegeben, eine strengere Kontrolle auszuüben und dem Steiger schon vor einigen Tagen befohlen, die Sache abzuändern . . . .“ (Werner, Unf. u. Erkr. im Ruhrbergb., S. 7.)

Aus diesem Beispiel, das Werner gibt, erkennt man, daß auch bei den Wetterwegen, wie bei den Strecken überhaupt, wie es beim Abbau schon erwähnt wurde, die Zahl der Reparaturhauer von Bedeutung ist, und man erkennt aber auch, daß die Vernachlässigung der

Strecken mit der Kohlenproduktion zusammenhängt. Das ist nur eine Bestätigung der bekannten Tatsache, daß solche sogenannten unproduktiven Arbeiten sehr oft gegenüber den produktiven, d. h. Kohlenhauen, zurücktreten müssen.

Als am Ausgang der 1850er Jahre sich die Verunglückungen durch Schlagwetter veranlaßt, mehrten, wurde erwogen, diese Gefahr durch Gesetz zu bekämpfen. Demgemäß wurde für den Oberbergamtsbezirk Dortmund unterm 9. März 1863 eine Bergpolizeiverordnung erlassen, die sich mit der Wetterführung usw. befaßt. Diese Verordnung wurde durch die Bergpolizeiverordnungen vom 6. November 1866 und vom 30. August 1876 ergänzt. Außerdem waren aber auch noch, namentlich 1870 und 1871, eine ganze Anzahl Spezialverordnungen für sogenannte Schlagwettergruben erlassen. Jedoch alle diese Regelungen erwiesen sich der Sache nicht gewachsen.

Die preußische Schlagwetterkommission, die in den Jahren 1881 bis 1885 tagte, hat der Wetterführung als Vorbild gedient. Sie stellte eine Anzahl Grundsätze für eine gute systematische Wetterführung auf und bildete die Grundlage der B.P.V. vom $\frac{\text{12. Oktober 1887}}{\text{4. Juli 1888}}$, betreffend Wetterversorgung usw. für den Oberbergamtsbezirk Dortmund, die alle bis dahin erschienenen Verordnungen aufhob. Ihr grundlegender Einfluß kam dadurch zur Geltung, daß sie z. B. für die Wetterschächte, Wettertrümmer der Schächte, sowie für die Hauptquerschläge und die Wetterkanäle, einen freien Querschnitt von mindestens 3 qm vorschrieb; die Grundstrecken, die Abteilungsquerschläge, die Wetterüberhauen und Wetterstrecken in den einzelnen Flözen sollen einen freien Querschnitt von mindestens 2 qm und die Wetterdurchhiebe einen freien Querschnitt von mindestens 1 qm haben (§ 18). Ferner bestimmt sie ein Mindestwettermaß, und zwar für jeden unterirdisch beschäftigten Arbeiter 2 cbm und für jedes Pferd 10 cbm pro Minute (§ 16). Diese B.P.V. ist durch die vom $\frac{\text{12. Dezember 1900}}{\text{7. Februar 1906}}$ abgelöst worden, die ihrerseits durch die heute geltende B.P.V. ersetzt ist. Die Neubestimmungen der B.P.V. vom 12. Dezember 1900 waren sehr wesentlicher Art. Im § 7, 1 bestimmt sie, daß der Querschnitt der Wetterwege für Hauptströme nicht unter 4 und für Teilströme nicht unter 2 qm herabgehen darf, während der Querschnitt der Wetterdurchhiebe mindestens 1 qm betragen muß; die Wettergeschwindigkeit wird auf 6 m in der Sekunde festgesetzt (§ 7, 2).

Die Wettermenge wird pro Mann und Minute auf 3 cbm festgesetzt (§ 2, 1). Genügt diese Wettermenge nicht, um die aus einer Bauabteilung ausziehenden Teilströme auf dauernd unter 1 % CH_4 zu erhalten, so ist sie zu erhöhen oder der Betrieb entsprechend einzuschränken (§ 2, 2).

Die Bewetterung ist so einzurichten, daß möglichst viele selbständige Abteilungen mit gesonderten Wetterströmen geschaffen werden, um ein Überströmen von Wettern von einer zur anderen Bauabteilung zu verhüten (§ 11, 2). Der § 10 bestimmt unter anderem, daß in Hauptwetterstrecken und in allen Wetterabteilungen zweckmäßige Stationen zur Messung der Wettergeschwindigkeit einzurichten sind (Absatz a). Die Menge der Wetter sind an diesen Stationen in bestimmten Teilabschnitten vom Revierbeamten festgesetzt, wenigstens aber alle 14 Tage durch Messung zu ermitteln (Absatz b) und diese Ermittlungen nach Vorschrift des Revierbeamten in ein Wetterbuch einzutragen (Absatz d). Endlich ist nach § 32 für jede selbständige Betriebsanlage zur Überwachung der gesamten Wetterverhältnisse ein besonderer Wettersteiger anzustellen und ein besonderer Wetterriß anzulegen und beständig nachzutragen, der eine Übersicht über die Wetterströme im ganzen und der Verteilung in die einzelnen Bauabteilungen ergibt. Im Wetterriß sind die Meßstationen besonders ersichtlich zu machen.

Auf die Abänderungen dieser Vorschriften durch den Nachtrag der B.P.V. vom 7. Februar 1906 braucht nicht besonders eingegangen zu werden.

Bei Befahrung eines Bergwerks ist man zunächst überrascht von der zugigen, oft kalten Luft, die in der Gegend des Hauptschachtes herrscht; je mehr man aber zu den Abbaupunkten dringt, wo das menschliche Leben konzentriert ist, wird eine deutliche Veränderung der Luft wahrgenommen, die ein beklemmendes Gefühl hervorruft. Wenn man sich mit den Arbeitern über die Luft unterhält, so hat man den Eindruck, daß sie von ihnen so leicht nicht als schlecht empfunden wird, weil sie schon daran gewöhnt sind. Daß zwischen den Wettern und der atmosphärischen Luft ein merklicher Unterschied besteht, ist uns auf unseren Grubenfahrten allgemein aufgefallen. Wir sagten uns, wenn die 3 cbm pro Mann und Minute, nach der Vorschrift, tatsächlich mathematisch auf den Kopf der Belegschaft kämen, könnte eine solch merkliche Veränderung nicht möglich sein.

Die Ursachen liegen natürlich nicht in der Vorschrift, sondern darin, daß sie nicht ordentlich durchgeführt wird, weil die Wetterwege, die wir z. B. an einer Stelle mit Holz zugepackt sahen, Strecken und sonstigen Einrichtungen, die zur Bewetterung dienen sollen, nicht in ordentlichem Zustand sind. So fanden wir auch an einer Stelle einen Arbeitspunkt in einem flachen Flöz, mit etwa 25° Wärme, der überhaupt keine Wetter zugeführt erhielt und lediglich auf Diffusion (jener Vorgang, wonach zwei Gase das Bestreben haben, sich allmählich zu vermengen) angewiesen war. Gelegentlich trafen wir auch Leute im Querschlag beim Bohren an, die die Wetterlutten 10—15 m nicht vorgebaut hatten[38], wodurch der sich stark entwickelnde Staub (es wurden Bohrmaschinen ohne Staubabsaugung verwendet) nicht abziehen konnte. Die Luft, welche uns hier schlecht erschien, wurde von den Leuten nicht so empfunden. Wenn die Bergleute über schlechte Luft klagen, muß es schon bedenklich sein, und dennoch klagen sie nicht selten darüber. Dafür einige Beispiele: „Zeche Graf Bismark 3—5. Klagen über Mißstände im Revier 7, Herr Steiger B. In diesem Revier herrschen ungünstige Luftverhältnisse, worunter besonders die Schlepper sehr zu leiden haben. Am 28. Juli ist es sogar dieserhalb vorgekommen, daß einzelne Partien mit dem Sicherheitsmann vor Beendigung der Schicht die Arbeit einstellten und sich zum Schacht begaben . . . .“ (Bergknappe Nr. 32, 1911.) „Gewerkschaft Lohberg, Schacht 1 und 2. Die Bewetterung im Schacht scheint hier sehr mangelhaft zu sein, denn die Arbeiter bekommen, wenn sie nach dem Schießen anfahren, immer Kopfschmerzen, ein Beweis, daß die schlechten Gase nicht abgezogen sind. Am 17. Februar waren die Arbeiter des ganzen Drittels mit Kopfschmerzen behaftet . . . .“ (Bergarbeiterzeitung Nr. 11, 1910.)

Den besten Beweis für die Beschaffenheit der Grubenwetter im Ruhrrevier liefert die Tabelle 7 (vgl. Seite 54); hiernach ereigneten sich pro 1901/08 184 Explosionsfälle, also durchschnittlich jährlich 24, obgleich sie ja, dank der vorzüglichen Vorschriften, gegen die früheren Jahre bedeutend abgenommen haben. Die bergpolizeilichen Vorschriften waren bis Ende 1911, so wie sie heute sind; denn die geltende B.P.V. hat in § 123—158 die früheren Bestimmungen wörtlich oder dem Sinne nach übernommen und diese sind außerordentlich weitgehend. Die Mängel, die wir kennen lernten, beruhen nicht auf den Vorschriften, sondern, wie wir sahen, auf ihrer schlechten Durchführung, wofür die gesamte Grubenkontrolle verantwortlich ist. Es wird daher auch hier darauf ankommen, daß die Vorschriften besser durchgeführt werden.

[38] Vgl. auch den Fall der Zeche Lothringen (S. 140), wo die Wetterlutten ebenfalls nicht vorschriftsmäßig vorgebaut waren.

Tabelle 7.

Die auf den Zechen des Oberbergamtsbezirks Dortmund in den Jahren 1861 bis einschließlich 1908 vorgekommenen Explosionen schlagender Wetter, sowie die durch dieselben getöteten und verletzten Personen im Verhältnis zur Förderung und Belegschaft und zu den überhaupt tödlich verunglückten Personen.

Jahr	Anzahl der betriebenen Steinkohlenzechen	Förderung	Belegschaft	Anzahl der				Auf 1 Mill. Tonnen fallen		Von 1000 Arbeitern wurden durch schlagende Wetter			Tödlich verunglückt	
				Explosionen	Toten	Verletzten	Beschädigten	Explosionen	Beschädigte	getötet	verletzt	beschädigt	überhaupt Mann	davon durch schlagende Wetter v. Hundert
1	2	3	4	5	6	7	8	9	10	11	12	13	14	15
Durchschnitt														
1861-1870	243	9092988	42890	36	27	55	82	3,96	9,02	0,63	1,28	1,91	134	20,15
1871-1880	239	17379553	76793	52	34	77	111	2,99	6,39	0,44	1,01	1,45	261	13,03
1881-1890	186	29594759	102174	92	63	122	185	3,11	6,25	0,62	1,19	1,81	339	18,58
1891-1900	169	45320682	169661	57	62	86	148	1,26	3,27	0,37	0,50	0,87	463	13,39
1901-1908	166	69217676	274810	23	56	38	94	0,33	1,36	0,20	0,14	0,34	630	8,89
1881	—	—	—	76	53	120	173	3,21	7,32	0,64	—	2,08	305	27,38
1882	—	—	—	120	112	159	271	4,64	10,47	1,25	—	3,02	387	18,94
1883	—	—	—	115	79	125	204	4,13	7,32	0,81	—	2,08	389	20,30
1884	—	—	—	101	64	131	195	3,56	6,87	0,63	—	1,93	354	18,08
1885	—	—	—	100	43	128	171	3,45	5,90	0,42	—	1,68	303	14,19
1886	—	—	—	114	88	152	240	4,00	8,42	0,88	—	2,41	310	28,39
1887	—	—	—	64	82	104	186	2,12	6,17	0,82	—	1,87	327	25,08
1888	—	—	—	73	18	90	108	2,20	3,25	0,17	—	1,02	306	5,88
1889	—	—	—	67	54	97	151	1,98	4,46	0,47	—	1,31	330	16,36
1890	—	—	—	91	43	112	155	2,57	4,37	0,34	—	1,21	379	11,35
1891	—	—	—	86	109	155	264	2,29	7,06	0,78	—	1,90	454	24,00
1892	—	—	—	75	47	120	167	2,03	4,53	0,32	—	1,17	363	12,95
1893	—	—	—	70	115	116	231	1,81	5,98	0,79	—	1,58	455	25,27
1894	—	—	—	60	24	86	110	1,48	2,71	0,16	—	0,72	366	6,55
1895	—	—	—	51	55	78	133	1,24	3,23	0,36	—	0,86	407	13,52
1896	—	—	—	42	35	62	97	0,94	2,16	0,22	—	0,60	410	8,59
1897	—	—	—	61	58	84	142	1,26	3,17	0,33	—	0,81	455	12,75
1898	—	—	—	42	141	67	208	0,82	4,08	0,73	—	1,08	636	22,17
1899	—	—	—	35	16	35	51	0,64	0,93	0,08	—	0,25	521	3,07
1900	—	—	—	45	18	61	79	0,75	1,33	0,08	—	0,35	558	3,23
1901	—	—	—	25	46	42	88	0,43	1,51	0,19	—	0,36	606	7,59
1902	—	—	—	18	2	26	28	0,31	0,48	0,01	—	0,11	523	0,38
1903	—	—	—	24	13	31	44	0,37	0,68	0,05	—	0,17	507	2,56
1904	—	—	—	27	8	36	44	0,40	0,65	0,03	—	0,16	534	1,44
1905	—	—	—	18	7	33	40	0,28	0,61	0,03	—	0,15	517	1,35
1906	—	—	—	22	6	30	36	0,29	0,47	0,02	—	0,13	586	1,02
1907	—	—	—	22	7	32	39	0,27	0,49	0,02	—	0,13	652	1,07
1908	—	—	—	31	361	72	433	0,38	5,24	0,08	—	0,29	1095	32,97

2. Der Kohlensäuregehalt der Wetter.

Der Atmungsprozeß erfordert Sauerstoff und bildet Kohlensäure; bei jeder Atmung atmosphärischer Luft werden etwa 20,96 % Sauerstoff und 0,04 % Kohlensäure eingeatmet, dagegen etwa 17 % Sauerstoff und 4 % Kohlensäure ausgeschieden. Alle Substanzen, welche die menschlichen Organe ausscheiden, sind für den Körper unbrauchbar und können für ihn schädlich werden, wenn sie ihm dauernd oder vorübergehend in einem Maße zugeführt werden, das dem durch die Natur gegebenen Verhältnis nicht entspricht. Hierzu gehört auch die Kohlensäure. Pettenkofer sieht in einem Kohlensäuregehalt von 0,1 % die Grenze zwischen guter und schlechter Luft. Obgleich die Ansichten über die Schädlichkeit eines größeren oder kleineren Kohlensäuregehaltes der Luft sehr verschieden sind, wird man wohl nicht fehlgehen, wenn man sich eng an die allgemein in der Natur gefundene Zahl von etwa 0,04 % CO_2 anlehnt und Pettenkofer zustimmt.

Die Kohlensäure ist ein Produkt menschlicher oder tierischer Atmung und hat in Bergwerken noch viele andere Entstehungsquellen. Es kommt hier die Zersetzung tierischer und pflanzlicher Produkte in Frage, sowie die Oxydation von faulendem Holz, das Brennen der Grubenlampen und Schlagwetter- und Kohlenstaubexplosionen und Grubenbrände.

Die von Dr. Schorndorf in den Jahren 1883—1884 auf Veranlassung der preußischen Schlagwetterkommission entnommenen 256 Wetterproben von 55 verschiedenen Ruhrzechen ergaben im Mittel der ausziehenden Wetterströme (also verbrauchte Wetter, welche die Grube verlassen) einen Kohlensäuregehalt von 0,495 %, während nach einer privaten Untersuchung, welche 1898 stattfand, nach Entw., Band 4, ein Kohlensäuregehalt der ausziehenden Wetterströme der westfälischen Gruben von 0,30 % im Mittel festgestellt wurde. Eine neuere Untersuchung hierüber ist uns nicht bekannt und das Ergebnis von 1898 wird auch heute noch in der Bergbaukunde Heise-Herbst angeführt. Ob man bei einer heutigen Untersuchung zu einem günstigeren Ergebnis käme, ist fraglich. Mit Sicherheit ist aber anzunehmen, daß der Kohlensäuregehalt der Wetter den der atmosphärischen Luft erheblich überschreiten wird. Sein Einfluß auf die hohe Erkrankungsziffer der Bergleute läßt sich allgemein greifbar nicht nachweisen.

Die Kohlensäure sammelt sich durch ihre Schwere stets an tiefen Stellen an und vermengt sich nur sehr schwer mit den übrigen Wettern. Es kommt daher vor, daß Leute durch sie erstickt werden. Die Statistik führt diese Fälle nicht besonders auf. Heise-Herbst sagen, Band 1, Seite 453, daß sogar Rettungsmannschaften durch übereiltes Vorgehen in Abhauen usw. durch Kohlensäure getötet worden seien.

3. Der Grubengasgehalt der Wetter.

Das Grubengas (Methan, Sumpfgas, leichter Kohlenwasserstoff CH_4) ist farb- und geruchlos, brennbar und an sich nicht giftig. Es kommt sowohl als Erstickungs- wie Explosionsgefahr in Frage und ist als regelmäßige Beimengung der Grubenwetter zu betrachten. Nach der preußischen Schlagwetterkommission wurde für die Lokalabteilung Dortmund ein CH_4-Gehalt von 0,377 % im Mittel der ausziehenden Hauptwetterströme festgestellt; dagegen ergab die Privatuntersuchung von 1898, nach Band 4, einen CH_4-Gehalt von 0,20 % im Mittel des ausziehenden Gesamtwetterstromes.

Das Grubengas entsteht durch Verwitterung pflanzlicher Stoffe unter Luftabschluß (Verkohlung). Seine Zunahme wird, wenn auch nicht immer gleichmäßig, begünstigt durch eine größere Teufe und größere Stärke des Deckgebirges, und außerdem durch eine Verminderung des Luftdruckes. Als gelegentliche und wichtige Grubengasquelle kommen die plötzlich auftretenden Gasausbrüche in Frage.
In der Zeit vom 6. bis 14. Oktober 1909 wurde auf Veranlassung des Ministers für Handel und Gewerbe eine Kommission zum Studium der Gasausbrüche nach Belgien entsandt. Der hierzu von Bergrat Bracht erstattete Bericht (P. Z. 1910, Seite 24 ff.) sagt, daß für das Auftreten von Gasausbrüchen viele Theorien aufgestellt worden seien, so daß man auf sehr verschiedene Meinungen stoße. Grundlegend sei eine Erklärung, die in dem Werkchen von Arnould (Étude sur les dégagements instantanés du grisou dans les mines de houille du bassin belge 1880) geworden; diese werde auch heute noch von der Mehrzahl der belgischen Sachverständigen unter Berücksichtigung verschiedener Änderungen, welche neue Forschungen verlangten, als richtig anerkannt. Unter Berücksichtigung der notwendigen Änderungen sei ihr wesentlicher Inhalt folgender: „Die bei der Bildung der Kohle entstandenen Kohlenwasserstoffgase sind in den ausbruchgefährlichen Flözen in der Kohle unter hohem Druck aufgespeichert, in einer besonderen Form und unter besonderen Bedingungen, die auch heute noch nicht aufgeklärt sind. Zwischen dem hohen Gasdruck in der Kohle und dem Luftdruck in den Grubenräumen muß ein Ausgleich stattfinden, entweder allmählich durch langsame Entgasung oder plötzlich,

durch den Gasausbruch. Das Hindernis für den plötzlichen Ausgleich bildet, ähnlich wie beim Dampfkessel die Kesselwände, für den Querschlagbetrieb, solange er das Flöz nicht erreicht hat, das Gesteinsmittel zwischen Flöz und Ortsstoß und für den Flözbetrieb die Flözzone, in der bei regelmäßiger Entgasung der Druckabfall von hochgespanntem Gas bis zu der Atmosphärenspannung am Ortsstoß stattfindet. Die Flözzone soll als Entgasungsstreifen bezeichnet werden. Ist das Gesteinsmittel oder im Flöz der Entgasungsstreifen zu schwach, um dem Überdruck Widerstand zu leisten, so erfolgt der Ausbruch ebenso wie beim Dampfkessel die Explosion, wenn die Wandung an einer Stelle zu schwach ist. Die Gewalt und der Umfang des Ausbruchs ist abhängig vom Spannungsunterschied."

Die Gasausbrüche sind in Frankreich, England und Belgien schon lange beobachtet worden, während ihr Auftreten im Ruhrbezirk mit Sicherheit erst in den letzten Jahren festgestellt worden ist. So in den Bergrevieren Ost-Recklinghausen und Hamm. Der stärkste Gasausbruch ereignete sich (vgl. den erwähnten Bericht Seite 43 ff.) auf der Zeche Maximilian (Bergrevier Hamm) am 6. Februar 1909. Er wird in dem Bericht wie folgt beschrieben: „Am Morgen des 6. Februar waren zwei Hauer vor Ort des Querschlages und drei Maurer im Querschlag, 15 m vom Umbruch entfernt, beschäftigt, als plötzlich, zu feinstem Staub zermahlen, etwa 100 t Kohlen hereinbrachen und den Querschlag auf eine Länge von 15 m bis zur Firste mit Kohlenklein anfüllten. Gleichzeitig wurde eine Gasmenge frei, die sofort die sämtlichen Betriebspunkte der Sohle erfüllte, bis in den Schacht drang und alle Lampen zum Erlöschen brachte. Die beiden vor Ort beschäftigten Hauer wurden von den Kohlenmassen verschüttet, man fand ihre Leichen 12 m vom Ortsstoß entfernt. Von den drei Maurern, die sich 15 m südlich des Umbruchs aufhielten, wurde einer verschüttet und einer erstickte in den Gasen; der dritte konnte zwar gerettet werden, war aber an Gasvergiftung schwer erkrankt."

Zur Bekämpfung der Gasausbrüche gilt als ältestes und verbreitestes Mittel das Vorbohren; es soll dadurch eine allmähliche Entgasung herbeigeführt werden. Schausten sagt jedoch (Gasausbrüche beim ausländischen Steinkohlenbergbau P. Z. 1910), daß die Wirksamkeit sehr bestritten sei. In Belgien ist es durch B.P.V. vom 28. April 1884 vorgeschrieben, außer sonstigen Maßnahmen.

Die Abhandlung des Herrn Schausten, sowie die Entsendung der Kommission nach Belgien wurde daher vom Minister für Handel und Gewerbe angeordnet, weil sich die Gasausbrüche im Ruhrbezirk in den letzten Jahren mehrten und weil man vermutete, daß auch das Drama von Radbod am 12. November 1908, wobei 337 Bergleute getötet und 30 zum Teil grauenhaft verletzt wurden, wovon nachträglich noch 11 starben, auf einen Gasausbruch zurückzuführen sei. Der später vom Berginspektor Hollender über dieses Unglück erstattete Bericht (P. Z. 1911, Seite 769 ff.) bestätigt nicht mit Sicherheit die Annahme eines Gasausbruches, wenn auch zugegeben wird, daß sehr viele Momente dafür sprechen. Es wurden daher für die Zeche Radbod eine Anzahl Sondermaßnahmen getroffen, so z. B. die Verwendung elektrischer Lampen, an Stelle der Benzinsicherheitslampen, unter vielen sonstigen Bestimmungen.

Ferner kommen für das Grubengas die Bläser in Frage. Sie entstehen wenn in Hohlräumen des Gebirges sich Grubengas aus den Kohlenflözen angesammelt hat, und unter einem Überdruck steht. Stößt man nun beim Abbau auf diese Hohlräume, so daß durch eine entstandene Öffnung das Gas entweichen kann, „so ‚bläst' das Gas durch die entstandene Öffnung. Wir sprechen dann von einem Bläser" (Heise-Herbst, Band 1, Seite 463). Die Bedeutung der Bläser liegt im wesentlichen in der allgemeinen Gefahr, welche ein höherer Prozentsatz der Grubenwetter an CH_4 in sich birgt.

Die Grenze eines CH_4-Gehaltes der Wetter, bei der eine Explosion eintritt[39], ist nicht mit Sicherheit anzugeben, weil hier verschiedene

[39] Über eine interessante Erfindung berichtet das B. T. vom 28. 10. 13. u. a.: „Im verflossenen Jahr hatte nämlich der Kaiser in seiner Rede im Bibliotheksraum des Instituts für Chemie betont, daß er von der chemischen Wissenschaft Arbeiten und Vorschläge erwarte, in welcher Weise prophylaktische Einrichtungen getroffen werden können, um die Bergleute vor schlagenden Wettern zu warnen und zu schützen. Der Wunsch des Kaisers ist inzwischen in Erfüllung gegangen. Geheimrat Haber konnte heute dem Kaiser eine Signalvorrichtung vorführen, die die schlagenden Wetter anzeigt.... Wir können jetzt näheres über diese wichtige Erfindung nach dem Vortrag Professor Habers mitteilen, der im nächsten Heft der „Naturwissenschaften" (Verlag Julius Springer, Berlin) im Druck erscheinen wird.

Das gefährliche Grubengas wird zwar durch das Verhalten der Grubenlampe angezeigt, auch gibt es das Rayleigsche Interferometer, das in der Hand des Bergwerkdirektors oder seiner Oberbeamten zur Anzeige von Grubengas gute Dienste tut, aber die chemischen Eigenschaften des Grubengases bringen es mit sich, daß diese Werkzeuge keine allzu zuverlässigen Schutz- und Warnungsvorrichtungen sind. Die

„Schlagwetterpfeife",

wie Professor Dr. Haber seine Erfindung nennt, nutzt nun nicht die chemischen, sondern die physikalischen Eigenschaften des Grubengases aus. Im physikalischen

Umstände, wie Wärme, Druck und Wettergeschwindigkeit, mitsprechen; sie wird allgemein zwischen $5^1/_2$ bis $13^1/_2$ % liegen (Entw. Band 4, Seite 46). Enthält ein Luftmethangemenge nur geringe Mengen CH_4, bis $5^1/_2$ %, so ist dasselbe an und für sich nicht brennbar oder

---

Kolleg führt man den Studenten die Verschiedenheit des Tones vor, die beim Anblasen derselben Pfeife mit Luft und mit Leuchtgas auftritt, und diese Erscheinung wird namentlich dann sinnfällig, wenn man gleichzeitig zwei gleichgestimmte Blasinstrumente benutzt und das eine mit Luft, das andere mit fremdem Gas anbläst. Dieses Prinzip hat man schon früher zur Warnung vor Grubengasen anwenden wollen, aber die früheren Versuche sind alle fehlgeschlagen. Als beste Beseitigung aller Hindernisse fand sich schließlich eine neue Pfeifenkonstruktion. Mit ihrer Hilfe ließ sich ein akustischer Anzeiger von handlicher Form und einfacher Bedienung schaffen, der als Resultat der gemeinsamen Arbeit von Professor Haber und Dr. Leiser in Gestalt der „Schlagwetterpfeife" vorliegt. Die „Schlagwetterpfeife" stellt äußerlich betrachtet einen glatten, geschlossenen Metallzylinder von 25 Zentimeter Länge und 6 Zentimeter Durchmesser dar. Er enthält als Hauptbestandteil zwei gedackte Lippenpfeifen, die auf demselben Ton (bei gleicher Gasfüllung) gestimmt sind und durch ein und denselben Gasstrom angeblasen werden. Die Eigentümlichkeit der Pfeife besteht darin, daß das Gas im Pfeifenrohr, dessen Beschaffenheit die Tonhöhe der Pfeife bestimmt, durch eine sehr dünne Glimmerscheibe dicht gegen das anblasende Gas abgeschlossen ist und darum unverändert in der Pfeife hält, wenn wir nicht besondere Zu- nnd Abführungen betätigen. Wir füllen die eine Pfeife über Tage mit reiner Luft, die sich mit der Grubenluft nicht vermischen kann, weil sie mit ihr nur durch eine enge und sehr lange Röhre („Expansionsspirale") in Verbindung steht. Das Rohr der anderen Pfeife füllen wir unter Tage mit Grubenluft, die auf dem Zuführungswege durch ein leicht auswechselbares, eingebautes Reinigungsrohr von Staub, Feuchtigkeit und Kohlensäure befreit wird. Die Handhabung des Apparates besteht darin, daß der als Pumpe ausgebildete Mantel nach unten gezogen wird. Dabei wird die Grubenluft durch den Reiniger und die Gaspfeife in den Pumpenraum gesaugt. Ein Vakuumstempel in der Mitte des Apparates zieht den Pumpenkolben beim Loslassen zurück und treibt das ausgesaugte Gas durch den Druckregler zu den Mundstücken der Pfeifen. Enthält die Gaspfeife ein Prozent Methan, so hört man rund zwei Schwebungen in der Sekunde. Mit steigendem Methangehalt nimmt die Schwebungszahl rasch zu, und in der Nähe der Explosionsgrenze (fünf Prozent) verwandelt sich die Erscheinung in ein charakteristisches Trillern. Das Ohr faßt die Unterschiede außerordentlich leicht auf. Sie sind in der Grube auf gerader Strecke noch in mehr als hundert Meter Entfernung völlig deutlich."

Nach diesem kurzen Bericht läßt sich die Bedeutung der Erfindung nicht umfassend übersehen. Wir glauben, daß sie sicher eine Erleichterung der Grubenkontrolle einschließt.

explosiv, weil die Wärmeentwicklung des an einer Stelle entzündeten Grubengases nicht ausreicht, um das übrige Gemenge auf die Entzündungstemperatur des Methans zu bringen, da die übrigen Bestandteile des Gemenges abkühlend wirken. In der Nähe einer Wärmequelle, wo die abkühlende Wirkung aufgehoben ist, brennt dagegen ein Schlagwettergemisch von weniger als $5^1/_2$ % CH_4 (Band 4, Seite 41). Das Grubengas wirkt auf die brennenden Sicherheitslampen so ein, daß sich der Lichtkegel der Dochtflamme vergrößert und sich über ihm zuerst ein dunkelvioletter, dann ein blauer Kegel bildet, der als „Aureole" bezeichnet wird. Durch die Sicherheitslampe läßt sich also feststellen, ob in den Wettern CH_4 enthalten ist und in welchem Maße. „Für die Praxis wird man sich am besten merken: bei 2 % CH_4 zeigt sich ein etwa 1 cm hoher Kegel; bei 3 % CH_4 bleibt die Spitze des Kegels unter dem oberen Rande des Glaszylinders; bei $3^1/_2$ % ragt die Spitze des Kegels über den oberen Rand des Glaszylinders und die Spitze ist im Drahtkorbe zu sehen; bei 4 % CH_4 erreicht die Spitze des Kegels die Decke des Drahtkorbes; bei $4^1/_2$ % wogt ein unregelmäßiges Flammengebilde im Korbe; bei $5—5^1/_2$ % CH_4 füllt sich der Drahtkorb mit brennenden Gasen" (Entw. Band 4, Seite 46). Die Voraussetzung für eine Schlagwetterexplosion bildet also ein bestimmter CH_4-Gehalt der Grubenwetter.

Welche Bedeutung dieser CH_4-Gehalt für das Ruhrrevier hat, geht aus der Tabelle 7 hervor.

Aus dieser Tabelle ersehen wir, daß die durchschnittliche Zahl der Explosionsfälle von 36 pro 1861—1870 auf 52 pro 1871—1880 und sogar für 1881—1890 auf 92 gestiegen ist. Von hier an geht die Zahl dann merklich herunter: pro 1891—1900 auf 57 und sogar pro 1901 bis 1908 auf 23.

Wie ist das zu erklären? In den Jahren 1857 und 1858 verunglückten beim preußischen Bergbau durch Schlagwetter je 4 Personen; diese Zahl stieg für 1859 auf 12, 1860 auf 26 und 1861 auf 45, im Durchschnitt dieser 5 Jahre 18,2 oder auf 1000 Mann der Belegschaft 0,163. Die P. Z. bemerkt zu den Unfällen dieser Periode, daß die Todesfälle hinsichtlich ihrer Veranlassung wenig differieren „wenn man von einer sehr auffallenden Zunahme der durch Gasexplosionen veranlaßten absieht". Sie sieht die Ursache dieses Zustandes in der Entwicklung des Steinkohlenbergbaues, der immer mehr in größere Teufen gehe, und bemerkt dann noch, daß Gesetze geschaffen werden müssen, um dieser Erscheinung entgegen zu treten. Daher wurde unterm 9. März 1863 eine B.P.V. vom Oberbergamt in Dortmund erlassen, welche sich auf die Wetterführung, Sicherheitslampen und die Schießarbeit erstreckt, die dann durch die B.P.V. vom 6. November 1866, wie wir früher erwähnten, verschiedentlich ergänzt wurde. Wir sehen an der Zunahme der Explosionsfälle pro 1871—1880, daß diese Bergpolizeiverordnungen keinen besonderen Erfolg hatten, obgleich aber auch erwähnt werden muß, daß mit jedem Jahrzehnt die Gruben schlagwetterreicher wurden, weil der Bergbau sich mehr nach Norden hinzog. Die Ohnmacht der B.P.V. zeigt sich noch deutlicher für die Zeit von 1881—1890, wo die Explosionsfälle durchschnittlich auf 92 stiegen und ihren Höhepunkt erreichten. Der gewaltige Sturz von 92 Explosionsfällen im Durchschnitt pro 1881—1890 auf 57 für den Zeitabschnitt 1892—1900, veranlaßt zu fragen, wie das zu erklären ist?

Wir erwähnten schon, daß mit jedem Dezennium die Entwicklung des Bergbaues größere Gefahren mit sich bringt, insofern er sich mehr nach Norden ausdehnt, womit eine Zunahme der Schlagwetter verbunden ist. Wenn wir das nochmals besonders hervorheben, so ist die bedeutende Abnahme der Explosionsfälle um so auffallender. In die 1890er Jahre fällt die Frucht der preußischen Schlagwetterkommission, die ihren Niederschlag fand in den B.P.V. des Oberbergamtsbezirks Dortmund vom Jahr 1887—1888, die wir gelegentlich schon anführten (vgl. Seite 51). Da sie eine ganze Anzahl durchgreifende, systematische Anweisungen für die Wetterführung, Wetterwege und Wettermenge gab, ist der Schluß wohl berechtigt, daß sie die günstige Entwicklung von 1881—1890 auf 1891—1900 herbeigeführt hat; eine Entwicklung, die, unterstützt durch die bemerkenswerte Ergänzung der B.P.V. vom 12. Dezember 1900 (vgl. S. 51 f.), auch für die Zeit 1901—1908 nicht nur nicht anhielt, sondern erhebliche, günstige Fortschritte machte. Denn betrug die Zahl der Explosionsfälle 1891—1900 noch 57 durchschnittlich, so ging sie für 1901—1908 auf 23 herunter. Dieser Erfolg der Gesetzgebung muß anerkannt werden, obgleich es nur ein Teilerfolg war. Denn es entfielen auf einen Explosionsfall:

	1861/70:	1871/80:	1881/90:	1891/1900:	1901/08:	1901/08: (ohne Radbod)
Tote:	0,75	0,65	0,68	1,08	2,04	0,50
Verletzte:	1,5	1,48	1,3	1,5	1,60	1,50

Während also in den drei Dezennien 1861/1890 die Zahl der Toten und Verletzten pro Explosionsfall im wesentlichen gleich geblieben ist, tritt für die Zeit 1891/1908 eine beachtenswerte Änderung ein.

Wie kommt das? Betrachten wir zunächst den Abschnitt 1891/1900. Die Todesziffer hier von 1,08 auf einen Explosionsfall ist bis dahin noch nie erreicht. In den 20 Jahren von 1861—1880 ist, wenn man die Totenziffer der einzelnen Jahre ansieht (vgl. Tabelle 7, Seite 54), nur das Jahr 1882, das die Zahl 100 übersteigt; in der Zeit 1891—1900 haben wir allein drei Jahre, 1891, 1893, 1898, welche die Zahl 100 überschreiten und das Jahr 1898 überschreitet sie sogar erheblich (um 41). In diese Jahre fielen die Unglücke von Hibernia (1891) mit 57 Toten, Kaiserstuhl (1893) mit 61 und Carolinenglück (1898) mit 127 Toten. Wir haben also gegen die vorgehenden drei Dezennien eine erhebliche Zunahme der großen Unfälle zu verzeichnen. Das erklärt ohne weiteres, daß, obgleich die Zahl der Explosionen von 1881—1890 auf 1891—1900 erheblich abnahm, die Todesziffern dennoch steigen. Wie sind diese großen Unglücke zu erklären? Das kann einmal an einem wirklichen elementaren Ereignis liegen, das heimtückisch mit aller Gewalt hervorbricht (Gasausbrüche, Bläser), oder aber auch an dem Mangel der nötigen Erfahrung in der gehörigen Bewetterung der Betriebspunkte.

Der gewaltigen Zunahme der Bergarbeiter von 1881—1890 auf 1891—1900 entsprach nicht die Zunahme der Steinkohlenzechen. 1881 bis 1890 wurden durchschnittlich 102 174 Arbeiter auf 186 Zechen beschäftigt, gegen 169 661 in 169 Zechen pro 1891—1900. Also eine Abnahme der Zechen gegen eine gewaltige Zunahme der Bergleute. Daher wurden diese Leute auf den einzelnen Werken mehr konzentriert. Trat nun eine Explosion ein, so wurden relativ mehr Leute davon betroffen, sofern man nicht durch geeignete Wetterführung Vorsorge traf. Denn es ist bekannt, daß durch die Explosionen selbst weniger Leute getötet werden, als durch den sie begleitenden Nachschwaden, der unmittelbar betäubend und bald tödlich wirkt[40]. Wird dieser Nachschwaden[41] aber so geführt (durch Wettertüren), daß er andere

[40] Um die Arbeiter gegen diese Nachschwaden zu schützen, wird seit mehreren Jahren die Einführung von Rettungskammern verlangt, d. h. also Zufluchtsorte, welche von den Nachschwaden nicht erreicht werden können.

[41] Zur Bekämpfung des Nachschwadens und der sonstigen Gefahren bestehen auf den Zechen Rettungswehren, welche mit den nötigen Apparaten (Rauchhelme usw.) versehen sind und die zu ihrer Brauchbarkeit wöchentlich einmalige und häufig auch mehrmalige Übungen vornehmen. Sämtliche Wehren sind in einem Zentralverband mit dem Sitz in Essen zusammengeschlossen, der eine Kontrolle über die Brauchbarkeit der einzelnen Wehren ausübt, sie in Bezirksverbände gliedert und unter anderem Grundsätze darüber aufgestellt hat, welche Zechen bei einem Unglück auf einer Zeche zunächst Hilfe zu leisten haben.

Betriebspunkte nicht mehr erreichen kann, dann bleibt die Wirkung der Explosion lokal beschränkt. Diese lokale Beschränkung kann natürlich durch ein gewaltiges, elementares Ereignis aufgehoben werden, indem es mit solcher Gewalt auftritt, die alle Sicherungen zerstört. Dadurch können zunächst weitere Explosionen veranlaßt und den gefährlichen Nachschwaden freie Bahn bereitet werden, wie es z. B. auf Radbod nach dem amtlichen Bericht der Fall war, der diplomatisch geschickt abgefaßt ist, wo, durch die Gewalt der Explosionen, schwere eiserne Wettertüren u. a. einfach fortgerissen und sonstige Wetterabschlußvorrichtungen zerstört wurden. Es muß jedoch wiederholt werden, daß die amtliche Untersuchung ein solches Naturereignis für Radbod nur als denkbar zuläßt, aber nicht als mit Sicherheit feststehend ansieht. Nach dem Prozeß der Zeche Radbod gegen die Bergarbeiterzeitung darf jedoch als feststehend angesehen werden, daß hier gerade Verstöße gegen bergpolizeiliche Vorschriften, insbesondere in bezug auf die Wetterverhältnisse, reichlich stattgefunden haben (vgl. Seite 64—65). Wir wollen nicht untersuchen, ob bei den großen Unglücken von 1891, 1893 und 1889 Naturereignisse vorgelegen haben.

Jedenfalls hat die Gesetzgebung für den Oberbergamtsbezirk Dortmund diesen Momenten der lokalen Begrenzung der Schlagwetterexplosionen in der B.P.V. vom 12. Dezember 1900 Rechnung getragen, indem sie, um das Überströmen der Wetter von einer in die andere Wetterabteilung zu verhüten, Vorschriften traf, und außerdem bestimmte, daß zu jeder Wetterabteilung nur 60 Personen gehören dürften.

Betrachten wir nun die Zeit von 1901—1908 (vgl. Tabelle 7, Seite 54), vielmehr von 1899—1908, so muß man auch hier sagen, trotz Radbod, daß diese Bestimmungen immerhin Erfolg hatten; denn die Zahlen der Toten und Verletzten der einzelnen Jahre schließen sich in dieser Zeit im allgemeinen der abnehmenden Entwicklung der Explosionsfälle an. Aber gerade das Jahr 1908, wo das schon wiederholt erwähnte Unglück auf Radbod 348 Menschen tötete und 19 schwer verletzte, macht eine gewaltige Ausnahme. Daher ist auch der Durchschnitt der Todesziffer pro Explosionsfall für 1901—1908 ungünstiger gegen 1891—1900; sie ist von 1,08 auf 2,04 für 1901—1908 gestiegen (Seite 61). Sehen wir aber von der Explosion auf Radbod ab, indem wir sie rechnerisch fortlassen, dann ergibt sich für 1901—1908 ein Durchschnitt von 0,50 Toten pro Explosionsfall. Es drückt sich hierin im allgemeinen ein Erfolg in der lokalen Begrenzung der

Schlagwetterexplosionen aus, der anerkannt zu werden verdient und ebenfalls auf die systematische Regelung der Bewetterung durch die Gesetzgebung der Bergbehörde zu setzen ist. Wenn aber trotzdem ein Radbod möglich war, so steht das auf einem anderen Bogen. Die amtliche Untersuchung spricht nur die Vermutung aus, wie schon gesagt, daß es sich um einen Gasausbruch gehandelt haben könne; fest steht das nicht. Die amtliche Untersuchung gegen die Grubenbeamten von Radbod wegen fahrlässiger Tötung ist ergebnislos geblieben, weil, wie es in der Begründung lakonisch hier und da heißt: „hat sich nicht feststellen lassen“ oder: „für eine solche Annahme fehlt jedes Beweismaterial“.

Man wird dieser Untersuchung nicht zu viel Wert beilegen können, wenn es z. B. zur Begründung der Ablehnung eines Einschreitens unter anderem heißt: „das verhältnismäßig seltene Auftreten von Schlagwettern ist auf die enorm große Luftmenge zurückzuführen, welche den . . . Betriebspunkten . . . der Zeche zugeleitet wurden“ (P.Z. Band 59, Seite 825). Denn: im Radbodprozeß gegen die Bergarbeiterzeitung, der vor der obigen Entscheidung der Ablehnung des Einschreitens gegen die Beamten von Radbod zu Ende, und folglich bekannt war, sind die Zeugen Hohmeyer, Groß, Thomas, Pilgrim, Rettich und Lewandowski aufgetreten, die bekundeten, daß sie bei der Arbeit erhebliche Schlagwettermengen beobachtet hätten, die an einzelnen Stellen überhaupt nicht fortzubringen gewesen wären und ständig angetroffen wurden, und daß dieses auch den Betriebsbeamten bekannt gewesen sei. Der Zeuge Groß sagt unter anderem aus, daß an einer Stelle die Arbeit infolge des Auftretens von Schlagwettern so gefährlich war, daß ein Steiger (um die Gefährlichkeit zu beseitigen) drei Schichten hintereinander verfahren habe. Trotzdem aber befand sich im Wetterbuch, das vorschriftsmäßig vorhanden war, keine einzige Eintragung über dieses Vorkommen von Schlagwettern, obgleich das ebenfalls bergpolizeilich vorgeschrieben ist. In dem Wetterbuch, das teilweise im Prozeß gegen die Bergarbeiterzeitung verlesen wurde, heißt es stets: „alles rein“. Ja, der Steiger, der die drei Schichten hintereinander gemacht hat, gab sogar an, daß er das Wetterbuch überhaupt nicht kenne.

Außerdem ereignete sich auf Radbod (nicht lange vor dem großen Unglück), am 29. August 1908 eine Explosion, bei der zwei Leute verletzt wurden, und trotzdem ist im Wetterbuch keine Eintragung vorhanden über das Vorkommen von Schlagwettern[42]! Diese wenigen

[42] Vgl. hierzu den Stenograph-Bericht über den Radbodprozeß.

aber wichtigen Beispiele mögen zeigen, daß, obgleich gute Vorschriften vorhanden sind, diese nicht durchgeführt werden. Wie das zu erklären ist, haben wir zum Teil schon kennen gelernt (Gedinge, Prämien), und die weiteren Erklärungen werden wir bei der Grubenkontrolle erfahren.

Bei der ungeheuren Gewalt und Ausdehnung, die heute unter der großen Mergeldecke von 500—1000 m, die Explosionen anzunehmen vermögen, ist es natürlich mit einer bloßen Vorschrift nicht getan, sondern der Geist, der aus ihr spricht, muß lebendig sein. Und dazu gehört eine scharfe Überwachung aller polizeilichen Bestimmungen. Es gibt im Ruhrbecken auch noch andere Zechen, die ein Radbod werden können, d. h., daß bei ihnen die Voraussetzungen durch CH_4 gegeben sind. Daher muß es unbedingt geboten erscheinen, die Klagen, welche die Arbeiter in ihren Organen laut werden lassen, genau zu verfolgen. Wir haben ja auch hier eine Anzahl Klagen über schlechte Luft beim allgemeinen Teil der Grubenwetter kennen gelernt. Die Einrede der Bergbesitzer, daß sie vielfach übertrieben seien, kann wirklich nicht genügen, um so weniger, wenn wir folgende Zahlen berücksichtigen:

1907 brachte die Bergarbeiterzeitung 833 Berichte über Mißstände der verschiedensten Art auf den einzelnen Gruben, 1908: 922, 1909: 758 und 1910: 744; davon wurden berichtigt durch die Verwaltungen der Zechen 1907: 51 oder 6,1 %, 1908: 64 oder 6,9 %, 1909: 45 oder 5,9 % und 1910: 55 oder 7,4 %. (Vgl. Jahresberichte des Bergarbeiterverbandes für 1909/1910.) Hier ist sicher ein großes Stück sozialer Arbeit zu leisten für die Bergbehörde. Geht man den Klagen behördlicherseits nach und die Arbeiter wissen das, dann werden sie in ihren Angaben von selbst vorsichtig werden. Ganz abgesehen davon, daß nach der Anzahl der Berichtigungen keineswegs anzunehmen ist, daß die Klagen nicht vorsichtig oder übertrieben gewesen wären! Bei der sehr großen Gefahr des jetzigen Bergbaus ist sehr große Vorsicht doppelt geboten.

Während es gelungen ist, wenn wir zum Schluß dieses Abschnittes noch einen Blick auf die Tabelle 7 (Seite 54) werfen wollen, die relative Bedeutung der Schlagwetter pro 1861—1870 von 9,02 Beschädigten auf eine Million Tonnen bis auf 1,36 Beschädigte auf eine Million Tonnen pro 1901—1908 ständig herabzumindern und es ebenso gelungen ist, die Explosionsfälle dauernd von 3,96 auf eine Million Tonnen pro 1861—1870 auf 0,33 auf eine Million Tonnen 1901—1908 zu verringern, so ist es leider nur teilweise gelungen, die Zahl der Toten pro Explosionsfall zu vermindern, sondern im allgemeinen haben wir für 1891—1900 eine Zunahme auf 1,08 gegen 0,75 pro 1861—1870 kennen gelernt, also um 0,33 pro Explosionsfall und für 1901—1908 sogar eine solche auf 2,04, also gegen 1861—1870 um 1,29 pro Explosionsfall. Unter Berücksichtigung aller mitgeteilten Umstände ist der Schluß aber dennoch berechtigt, daß die Vorschriften, wie sie bestehen, der gegenwärtigen Lage des Bergbaues gerecht werden können, sofern sie ordnungsmäßig durchgeführt werden. Und das ist um so mehr zu verlangen, da Radbod bei wirklich weitgehenden Sicherheitsvorschriften möglich war[4]. Denn schon damals war es Vorschrift, wie es heute durch den § 126 Abs. 2 vorgeschrieben ist, daß der Wetterstrom oder Teilströme dauernd unter 1 % CH_4 gehalten werden muß. Da die Grenze eines CH_4-Gehaltes der Wetter, bei der eine Explosion eintritt, allgemein zwischen $5^1/_2$—$13^1/_2$ % liegt, so sieht man, daß eine Explosion völlig ausgeschlossen ist, wenn der Wetterstrom auf unter 1 % CH_4 gehalten wird.

4. Das Kohlenoxyd.

Das Kohlenoxyd (CO) ist als regelmäßige Beimengung der Wetter anzusehen, wenn es auch nur in sehr geringen Mengen darin enthalten ist. Es ist außerordentlich giftig und brennbar; man nimmt an, daß schon 0,1 % CO der Luft tödlich wirken. Das erklärt sich so: „Das Kohlenoxydgas hat zum Hämoglobin eine größere Affinität wie der Sauerstoff und bildet mit ihm eine feste Verbindung . . . Indem bei andauernder Einatmung von Kohlenoxydgas immer mehr von dem Hämoglobinvorrat des Körpers in die feste Verbindung mit dem Gas eintritt, wird die Sauerstoffaufnahme vermindert, und es tritt eine ganz allmähliche Erstickung ein.“ (Du Bois-Reymond, Seite 114.) Goldmann sagt (Hygiene des Bergmanns), daß es bei Personen, welche ständig in einer kohlenoxydhaltigen Luft arbeiteten, zu der chronischen Kohlenoxydvergiftung käme. Die Symptome erwiesen sich als Kopfschmerz, Ohrensausen, Schwäche und mangelhafter Appetit. (Erscheinungen, die allerdings bei den Ruhrbergleuten sehr häufig sind.) Hiergegen gebe er den Leuten, dem Rate Pollecks folgend, Kalmuswurzel und weise sie an, diese während der Arbeit zu kauen, womit die Leute sehr zufrieden wären. So würde auch das

[43] Diese Sicherheitsvorschriften sind inzwischen, durch das Unglück auf Osterfeld veranlaßt, nochmals verschärft worden.

Tabakkauen, das verschiedene Erkrankungen der Mundschleimhäute veranlasse, vermieden.

Das Kohlenoxyd wird bei der Sprengarbeit gebildet und da, wo CO_2 mit reduzierenden Körpern bei bestimmten Temparaturen in Berührung kommt. In dem Nachschwaden, der durch Explosionen gebildet wird, tritt es auch auf. Seine Gefahr wird natürlich durch eine gute Bewetterung mitbeseitigt. Auf die Beimengen der Grubenwetter, wie Wasserstoff, der nur sehr selten darin angetroffen wird, sowie Schwefelwasserstoff und Ammoniak, braucht wegen ihrer geringen Bedeutung, nicht besonders eingegangen zu werden.

5. Der Kohlenstaub.

Die Kohlenstaubentwicklung ist auf den Ruhrzechen nicht gleichmäßig; sie ist am größten in den Fettkohlenflözen der unteren Gruppe[44]. (Heise-Herbst.) Der Kohlenstaub wird gebildet durch den Gebirgsdruck, durch die Zerstörung der Kohlen bei der Gewinnung und bei ihrem Transport zum Schacht. Seine Bedeutung für die Gesundheit der Bergleute ist sehr vielseitig. Goldmann (Hygiene des Bergmanns) gibt an, unter Berücksichtigung der sauerstoffarmen Luft der Gruben, daß der Kohlenstaub Erkrankungen der Bindehaut und vor allem der Atmungsorgane zu veranlassen mag. Er sagt (Seite 26): „Ich habe schon früher von der sauerstoffarmen Luft der Gruben gesprochen und komme nun darauf, daß der Organismus bestrebt ist, sich für jeden Fall das ihm nötige Quantum an Sauerstoff zu verschaffen. Die nun sauerstoffarme Grubenluft muß daher in größeren Mengen eingeatmet werden, um den Bedarf an Sauerstoff zu decken, wozu die Nasenatmung allein längst nicht ausreichen kann. Die ersten Folgen der Kohlenstaubinhalationen sind der Rachen- und der Kehlkopfkatarrh, die so ziemlich bei jedem Bergarbeiter anzutreffen sind. Diese Affektionen setzen sich in die tieferen Teile fort, wodurch der Bronchialkatarrh entsteht. Der in das Lungengewebe gelangte Kohlenstaub bleibt dort, fast ohne eine Reaktion zu erzeugen, liegen, und kann das Lungengewebe so dicht erfüllen, daß jenes oft ganz schwarz

---

[44] Nach dem Gasgehalt unterscheidet man folgende Flözelagen:

1. Gasflammkohlenpartie (obere und untere)	37—45 %	flüchtige	Bestandteile.
2. Gaskohlenpartie	33—37 %	"	"
3. Fettkohlenpartie	21—35 %	"	"
4. Magerkohlenpartie	8—20 %	"	"

Etwa 90 % der Ruhrkohlenproduktion entfallen auf die 1. bis 3. Gruppe.

aussieht und dazu geführt hat, eine so beschaffene Lunge als ‚Kohlenlunge‘ (Anthracolis) zu benennen, gerade wie man von einer Eisenlunge (Sidoris) der Eisenarbeiter usw. spricht.“ In der Tat sind auch die Erkrankungen der Atmungsorgane der Ruhrbergleute wahrlich nicht gering. Sie betrugen insgesamt 1910: 27 613 oder rund 11,5 % aller Erkrankungen. An Lungenemphysem und Asthma erkrankten 1910: 245 Personen oder 0,32 % aller Erkrankungen. Hierneben ist zu berücksichtigen, daß der Kohlenstaub hier und da die Voraussetzung für Kohlenstaubexplosionen bildet und als Träger für die Fortpflanzung von Schlagwetterexplosionen in Frage kommt.

Zur Bekämpfung des Kohlenstaubes war und ist die Berieselung vorgeschrieben. Die geltende B.P.V. hat die Bekämpfung des Kohlenstaubes in den §§ 159—163 geregelt. In allen Gruben sind Spritzwasserleitungen herzustellen und dauernd im brauchbaren Zustande zu erhalten; Ausnahmen sind zulässig, wenn die Grubenbaue feucht oder frei von Kohlenstaub sind (§ 159). Alle Ausrichtungs-, Vorrichtungs- und Abbaubetriebe müssen, um die Ablagerung von trockenem Kohlenstaub zu vermeiden, nach Bedürfnis in ausreichendem Maße befeuchtet werden; alle sonstigen zur Förderung, Fahrung oder Wetterführung dienenden Grubenbaue sind ebenfalls nach Bedürfnis zu befeuchten; wenn durch die Befeuchtung das Nebengestein derart gelockert wird, daß dadurch die Stein- und Kohlenfallgefahr erheblich vermehrt wird, kann mit Genehmigung des Oberbergamtes eine Befeuchtung unterbleiben (§ 160). Als neue Bestimmung enthält der § 161, daß nach Zeiten der Betriebsruhe vor Anfahrt der Belegschaft im Falle des § 160 Abs. 2 und vor Wiederaufnahme der Arbeit im Falle des § 160 Abs. 1 der Kohlenstaub unschädlich gemacht wird. Für die Befeuchtung der Ausrichtungs-, Vorrichtungs- und Abbaubetriebe bis auf 20 m Entfernung vom Arbeitsstoße, sind während der Arbeitsschicht die Ortsältesten verantwortlich; im übrigen hat der Betriebsführer Spritzmeister für die sonstige Berieselung anzustellen (§ 162). Die im § 162 verpflichteten Personen müssen bei etwaigen Mängeln der Befeuchtungseinrichtungen dem Abteilungssteiger unverzüglich Meldung machen; der Abteilungssteiger hat darüber zu wachen, daß die zur Berieselung verpflichteten Personen ihren Verpflichtungen nachkommen; außer dem Abteilungssteiger bleibt der Betriebsführer für die Herstellung und Instandhaltung, sowie die zweckentsprechende Anwendung der Befeuchtungseinrichtungen verantwortlich (§ 163). Dieser zuletzt aufgeführte Absatz ist ebenfalls neu.

Die Einrichtungen zur Berieselung werden im allgemeinen auf

den Zechen nach den Vorschriften durchgeführt; aber dennoch kommt es vor, wie z. B. auf Radbod nach dem stenographischen Bericht des Prozesses gegen die Bergarbeiterzeitung, daß die Einrichtungen nicht funktionieren oder kein Wasser da ist. Der Kohlenstaub wird neuerdings indirekt durch das Stoßtränkverfahren, wo es eingeführt ist, beseitigt, da die Kohlenstöße zur Gewinnung mit Wasser durchtränkt werden, wie wir früher schon erwähnten. Es kommt mitunter vor, daß die Nichtberieselung auf Nachlässigkeit der Arbeiter zurückzuführen ist; aber, daß die Ursachen hierfür oft bei den Zechen liegen, dafür sprechen die zahlreichen Klagen, von denen wir einige anführen, die in den Arbeiterzeitungen enthalten sind. „Zeche Westfalen . . . Der Steinstaub und die Pulvergase stehen die ganze Schicht im Füllort. Wäre eine separate Berieselung da, so könnte vor und nach dem Schießen sofort berieselt werden, aber das geht jetzt nicht, weil das Wasser durch die Luftrohre geführt werden muß. Hierzu sind erst eine Unmenge Signale nötig, erst Luft abstellen, dann Wasser kommen lassen . . . Weil dies nun zu viel Zeit kostet, so wird einfach gar nicht berieselt . . .“ Bergarbeiterzeitung Nr. 38, 1911.) „Zeche Ewald, Fortsetzung . . . Es fehlte hier an der Berieselung. Hat denn kein höherer Beamter den vorhandenen Staub bemerkt? . . .“ (Bergknappe Nr. 36, 1911.)

6. Die Temperatur der Wetter.

Wenn wir in der Natur eine bestimmte Arbeit verrichten, wissen wir recht gut, daß ein kühleres oder wärmeres Wetter seinen Einfluß auf unseren Körper geltend macht. Während kühlere Luft unsere Leistungsfähigkeit erhöht, wird sie durch warme Luft eingeschränkt, und der Körper fühlt sich müde und matt. In welchem Maße muß nun eine hohe Temperatur der Wetter, die ohnehin mit vielen schädlichen Beimengungen, wie wir sahen, durchsetzt sind, den menschlichen Organismus beeinflussen? „Auf Veranlassung des Herrn Professor Flügge in Breslau sind eingehende Versuche angestellt worden über den Einfluß von Temperatur und Feuchtigkeit auf die Arbeiter. Dabei hat sich ergeben, daß, wo die relative Feuchtigkeit 50 % betrug, ein Unbehagen eintrat, bei einer Temperatur von 26° C, daß aber da, wo die Feuchtigkeit bereits 75—80 % betrug, schon bei 24° C, unter Umständen sogar 21°, Unbehagen eintrat[45].“ Diese Resultate Flügges beziehen sich jedoch auf ruhende, also nicht bewegte Luftgemische.

[45] Geheimer Oberbergrat Meißner in der 186. Sitzung des Abgeordnetenhauses vom 22. 5. 1905.

Die Temperatur der Wetter wird durch die über Tage herrschende beeinflußt, da ja auf vielen Zechen 6000—10 000 cbm Luft pro Minute in die Grube geführt werden. Für das Ruhrbecken nimmt man als mittlere Jahrestemperatur +8,9° C an. Es ist bekannt, daß die Temperatur zunimmt, je mehr wir in die Erdrinde eindringen. Ja man hat hierfür eine Skala aufgestellt und sagt, daß bei je 28 m Teufe, die Temperatur um 1° C steige (Entw. Band 4, Seite 145). Daraus folgt, daß die Temperatur der Wetter jeweils von der Teufe abhängt; allerdings nicht nur, da das Deckgebirge auch in Frage kommt. Für eine Temperaturzunahme der Wetter kommen im Ruhrrevier auch heiße Quellen in Betracht, außerdem die Atmung, das Brennen der Lampen, Grubenbrände und die Schießarbeit. Das Oberbergamt Dortmund stellte 1899 für 197 Zechen eine Temperatur in den Grubenbauen von 22,8° C im Mittel fest.

Die Wirkung einer höheren Temperatur schildert Goldmann (Hygiene des Bergmanns, Seite 7) folgendermaßen: „Unser Körper reagiert auf Erhöhung der Lufttemperatur sofort mit stärkerer Schweißsekretion. Da aber anderseits unser Körper stets ein gewisses Maß von Gewebsflüssigkeit haben muß, so ist es klar, daß er die durch den Schweiß abgegebene Flüssigkeitsmenge wieder zu ersetzen sucht. Dieses geschieht infolge von Flüssigkeitszunahme. So trinkt denn der Bergarbeiter während seiner Schicht große Mengen Wasser. Ich habe genügende Beweise dafür, daß ein Bergarbeiter auf heißem Abbauorte im Verlaufe seiner achtstündigen Schicht oft bis 7 l Wasser zu sich nimmt.“ Eine solche Menge Wasser sei schon an und für sich schädlich, sagt er dann weiter, und wie müßte das erst der Fall sein, wenn das Wasser unrein oder bakterienhaltig wäre.

Diese Durchschnittszahl von 22,8 % wird natürlich nicht überall erreicht, wie sie anderseits noch überschritten wird. Das Berggesetz von 1865 § 93 c schreibt vor, daß an Arbeitspunkten nicht mehr als 28° C die Arbeitszeit sechs Stunden täglich nicht überschreiten darf. Die amtliche Statistik läßt nicht erkennen, wieviel Schichten an solchen heißen Arbeitspunkten verfahren wurden, da sie nur angibt, wieviel Schichten überhaupt bis zu sechs Stunden verfahren sind, worin aber die Zahl der Überschichten teilweise einbegriffen ist.

Mit der Entwicklung des Steinkohlenbergbaues nach Norden zu ist eine größere Teufe und allgemein eine Zunahme der Temperatur verbunden. Geheimrat Vogel, der lange Knappschaftsarzt war, führt im Zentralblatt für allgemeine Gesundheitspflege (1907) die Verschlechterung der gesundheitlichen Verhältnisse der Bergleute unter anderem auf die zunehmenden Teufen zurück.

7. Die Feuchtigkeit der Wetter.

Der Wasserdampfgehalt der Atmosphäre ist für das Wohlbefinden des Menschen nicht gleichgültig, „weil er mannigfache Verrichtungen des Körpers beeinflußt". Er wird als regelmäßige Beimengung der Luft angetroffen. Seine Menge hängt sowohl von der absoluten Luftfeuchtigkeit, wie von der Temperatur ab. Man hat sich gewöhnt, unter Berücksichtigung dieser Beziehungen, von einer „relativen Feuchtigkeit" der Luft zu sprechen. Die Luft vermag bei bestimmten Wärmegraden nur ein bestimmtes Maß von Wasserdampf aufzunehmen, die man als „absolute Feuchtigkeit" bezeichnet, wie die folgende Tabelle (nach Du Bois-Reymond) zeigt:

Wenn in einem cbm vorhanden sind:		so ist die Verdunstung aufgehoben bei:
4,8 g	Wasserdampf	0°
9,3 g	"	10°
17,1 g	"	20°
29,1 g	"	30°
42,2 g	"	37°

Wenn also irgendwo 20° Wärme gemessen werden und man sagt, die relative Luftfeuchtigkeit betrage 100 %, so wissen wir, nach der vorstehenden Tabelle, daß in der Luft pro Kubikmeter 17,1 g Wasserdampf enthalten sind. Für unsere Gegend (Westfalen) beträgt die relative Luftfeuchtigkeit im Jahresdurchschnitt etwa 75 %.

Nach der Privatuntersuchung von 1898 (Entw. Band 4) ergab sich eine relative Feuchtigkeit von 98 % bei 19,25° C der **ausziehenden** Ströme von Wetterproben, die auf 209 Schachtanlagen im Ruhrrevier genommen wurden. Dieser Feuchtigkeitsgehalt ist darauf zurückzuführen, daß viele Zechen des Ruhrbeckens sehr wasserreich sind. Berücksichtigt man aber, daß die Proben zu einer Zeit genommen, wo die allgemeine Berieselung noch nicht eingeführt war und dennoch hiernach die ausziehenden Wetter fast ihre maximale Aufnahmemöglichkeit an Wasserdampf gefunden hatten, so ist der Schluß berechtigt, daß heute, nach Einführung der allgemeinen Berieselung, die Wetter mit Wasserdampf völlig gesättigt sind. Ist aber die Aufnahmemöglichkeit der Grubenwetter an Wasserdampf gedeckt, dann ist die Verdunstung aufgehoben und es folgt, daß der Schweiß der Arbeiter, der, abgesehen von der im allgemeinen herrschenden Temperatur, etwa 23° C, sich bei der harten, mühevollen Arbeit stark entwickelt, nicht mehr verdunsten kann. Damit ist aber der Organismus in allen seinen Funktionen gehemmt, schädliche Substanzen vermögen den Körper nicht mehr zu verlassen, und es setzt eine beschleunigte Herztätigkeit ein. Man nimmt aber auch an, daß die Wurmkrankheit (Anchilostomiasis) durch die große Feuchtigkeit der Gruben gefördert worden ist.

Haben wir so die vielfachen Gefahren des Bergbaues kennen gelernt und gesehen, daß trotz guter Vorschriften für die menschliche Sicherheit dennoch dagegen verstoßen wird, so dürfte es sicher ebenso interessant und wichtig sein, auf die Grubenkontrolle näher einzugehen, da ihr doch die schwere und ernste Aufgabe zufällt, für die Beachtung und Durchführung aller gesetzlichen Vorschriften und Anordnungen zu sorgen. Wir wenden uns daher dem zweiten Abschnitt unserer Betrachtung der Grubenkontrolle zu.

II. Die Grubenkontrolle und ihre Praxis im Ruhrrevier.

Allgemeines.

Die Grubenkontrolle ist von altersher wegen der großen Gefährlichkeit des Bergbaues besonders berücksichtigt worden. Wir finden daher beim Bergbau schon früh sozialpolitische Maßnahmen im heutigen Sinne [1]. So treffen wir z. B. das sogenannte „Direktionsprinzip" im Freiberger Bergrecht, das im 14. Jahrhundert aufgezeichnet wurde. Hiernach sind die Gruben wöchentlich durch landesherrliche Bergbeamte zu befahren, die außerdem die Zweckmäßigkeit des Betriebes zu prüfen, bei der Anstellung der Grubenbeamten und bei der Festsetzung der Löhne mitzuwirken haben [2]. Diese Maßnahmen, als Direktionsprinzip bezeichnet, gingen aus dem Freiberger Recht in die Annaberger Bergordnung vom 5. Februar 1509 über, welche die Grundlage bildete für die Jülisch-Klevisch-Bergisch-Märkisch- und Ravensbergische Bergordnung vom 27. April 1542, die 1737 ersetzt wurde durch die renovierte Bergordnung für Jülich, Kleve, Berg und die Grafschaft Mark, woraus die Kleve-Märkische Bergordnung vom 29. April 1766 hervorging. Diese unterschied sich in bezug auf die Grubenkontrolle in der bisherigen Ordnung, indem sie das Direktionsprinzip noch schärfer betonte: die Gewerkschaften wurden der Verwaltung ihres Bergwerksbetriebes fast völlig entsetzt; der ganze Betrieb wurde unter spezielle Leitung des Bergamtes gestellt: die Grubenbeamten, wie Schichtmeister und Steiger, werden von nun an vom Bergamt angestellt und sind ihm allein verantwortlich. „Diese durften bezeichnenderweise weder aus der Zahl der Gewerken noch aus deren Söhnen, Knechten und Verwandten gewählt werden [3]."

---

[1] Vgl. Adolf Zycha: ein altes soziales Arbeiterrecht, Z. f. B. 1900.

[2] Vgl. Westhof-Schlüter, Geschichte des deutschen Bergrechts, Z. f. B. 1909. S. 89.

[3] Vgl. Westhof-Schlüter Z. f. B. 1909. S. 250.

Im Freiberger Recht wurde also getrennt zwischen Polizeiaufsicht der Grube und Betriebsaufsicht; während mit der Wahrnehmung der polizeilichen Aufsicht landesherrliche Beamte betraut waren, lag die Betriebsaufsicht in Händen von Privatbeamten, welche nur unter Mitwirkung der ersteren angestellt wurden. Anders dagegen war es nach der revidierten Klevisch-Märkischen Bergordnung von 1766: hier wurde sowohl die polizeiliche Aufsicht als die Betriebsaufsicht durch Staatsbeamte wahrgenommen. Diesen Charakter als Staatsbeamte behielten auch die Betriebsbeamten bis zu dem preußischen Gesetz vom 12. Mai 1851, betreffend die Verhältnisse über die Miteigentümer eines Bergwerkes: denn das allgemeine Landrecht hatte an den Grundsätzen, welche in der Bergordnung von 1766 ausgesprochen waren, nichts geändert und kam auch nur teilweise subsidiär für das Ruhrrevier in Frage.

Das Gesetz von 1851 war ein wesentlicher Schritt auf dem Wege zur Beseitigung des Direktionsprinzipes. Denn: dem Grubenvorstand oder Repräsentanten eines Bergwerkes wurden die Rechte gegeben, ihre Grubenbeamten zu wählen, Verträge über ihren Dienst und Lohn usw. mit ihnen abzuschließen, und in bezug auf die Arbeiter wurde ihnen das Recht eingeräumt, diese, soweit sie nicht Knappschaftsgenossen sind, anzunehmen und zu entlassen. Bei der Anstellung der Grubenbeamten wird die Bergbehörde darauf beschränkt, ihre Qualifikation zu prüfen, ihre Anstellung zu bestätigen, und die eventuell durch Entlassung von Grubenbeamten frei gewordenen und nicht gleich wieder besetzten Stellen, durch Grubenbeamte zu besetzen. Im übrigen nimmt die Bergbehörde hier wieder, wie im Freiberger Recht, nur die polizeiliche Aufsicht wahr.

Durch das Gesetz vom 21. Mai 1860, betreffend die Aufsicht der Bergbehörden über den Bergbau und das Verhältnis der Berg- und Hüttenarbeiter wird das Direktionsprinzip in aller Form beseitigt: Der Bergbehörde wird nur noch die polizeiliche Aufsicht über den Bergbau übertragen, während die An- und Ablegung aller Grubenarbeiter, sowie die Anstellung von Grubenbeamten, lediglich dem freien Vertrag überlassen bleibt; der Bergbehörde bleibt nur noch ein Bestätigungsrecht für die Arbeitsordnungen der Arbeiter, während sie für die Grubenbeamten nur ein Qualifikationsprüfungs- und Bestätigungsrecht behält. Es war der Geist des Liberalismus, der siegreich in die Berggesetzgebung einzog.

Die Neuregelung des Bergwesens durch das allgemeine Berggesetz für die preußischen Staaten vom 24. Juni 1865 ändert an dem in dem Gesetz von 1860 ausgesprochenen Grundsatz in bezug auf Bergpolizei, Grubenbeamte und Arbeiter nichts.

Erst durch die Novelle vom 28. Juli 1909 trat eine wesentliche Änderung in der Grubenkontrolle ein: Lag sie bisher in den Händen von Staatsbeamten, sowie in den Händen der privaten Betriebsbeamten und in gewissem Umfang auch (durch bergpolizeiliche Verordnung im Ruhrrevier gegeben) in den Händen der Arbeiter (durch die Wettermänner und die Ortsältesten), so trat durch den Artikel I dieses Gesetzes zunächst eine schärfere Umgrenzung der Verantwortlichkeit der privaten Betriebsbeamten ein, und zweitens wurden durch den Artikel II, die Arbeiter allgemein auf gesetzlicher Grundlage zur Grubenkontrolle herangezogen durch besondere Organe, die sogenannten „Sicherheitsmänner".

Wir haben also drei verschiedene Organe, welche die Kontrolle über die Beachtung und Durchführung aller bergpolizeilichen Vorschriften auszuüben haben:

1. die Staatsbeamten, wie Revierbeamte und Königliche Einfahrer;
2. die privaten Betriebsbeamten, wie Betriebsführer usw. und im besonderen die Steiger;
3. die Arbeiter, wie Wettermänner, Ortsälteste und Sicherheitsmänner.

Mit diesen drei Organen haben wir uns in folgendem zu beschäftigen und beginnen mit den Staatsbeamten.

A. Die staatlichen Organe der Grubenkontrolle.

1. Die Revierbeamten.
2. Die Königlichen Einfahrer.

1. Die Revierbeamten.

Der Bergrevierbeamte ist das wesentliche Organ der staatlichen Grubenkontrolle. Das Oberbergamt Dortmund, das sich mit dem Ruhrrevier deckt (vgl. Seite 1, Anmerkung 1), zerfällt gegenwärtig in 19 Bergreviere (vgl. Seite 5, Anmerkung 13), an deren Spitze je ein Revierbeamter steht.

Der Revierbeamte übt die Kontrolle mit den ihm beigegebenen Beamten, wie Inspektoren und Einfahrer, nach dem Gesetze aus. Es werden von ihm jedoch auch die Bergreferendare und Assessoren mit der Grubenkontrolle betraut.

Nach § 196 des allgemeinen Berggesetzes von 1865 steht der Bergbau unter der polizeilichen Aufsicht der Bergbehörden; diese erstreckt sich unter anderem auf die Sicherheit der Grubenbaue, auf die Sicherheit des Lebens und der Gesundheit der Arbeiter, auf die Aufrechterhaltung der guten Sitten und des Anstandes durch die Einrichtung des Betriebes.

Gemäß dem § 189 dieses Gesetzes bilden die Revierbeamten für die ihnen überwiesenen Bergreviere die erste Instanz in allen Geschäften, welche gesetzmäßig den Bergbehörden obliegen und nicht ausdrücklich den Oberbergämtern übertragen sind. Sie handhaben insbesondere die Bergpolizei nach Vorschrift des Gesetzes (wie es sich nach dem § 196 ergibt). Für die ihrer Aufsicht unterworfenen Anlagen und Betriebe stehen ihnen außerdem bei der Überwachung des Berggesetzes die Befugnisse und Obliegenheiten eines Gewerbeaufsichtsbeamten im Sinne des § 139 b G.O. zu.

Der Revierbeamte hat also die ihm unterstellten Betriebe zu kontrollieren; bei dringender Gefahr hat er sofort und selbst ohne vorangegangene Vernehmung des Bergbesitzers oder des Repräsentanten, die zur Beseitigung der Gefahr erforderlichen polizeilichen Anordnungen zu treffen unter gleichzeitiger Anzeige an das Oberbergamt (§ 199, 1). Ereignet sich auf einem Bergwerk ein Unglücksfall, welcher den Tod oder die schwere Verletzung einer oder mehrerer Personen herbeiführt, so ist der Betriebsführer oder der ihn vertretende Grubenbeamte zur sofortigen Anzeige an den Revierbeamten verpflichtet (§ 203, 204). Der Revierbeamte ordnet in solchen Fällen die zur Rettung der verunglückten Personen oder zur Abwendung weiterer Gefahren erforderlichen Maßregeln an (§ 205, 1).

Das wären im wesentlichen die Aufgaben des Revierbeamten; wir haben uns in besonderem mit seiner kontrollierenden Tätigkeit zu beschäftigen.

Nach den Jahresberichten der Bergrevierbeamten sind im „Kompaß“ 1912, Organ der Knappschaftsberufsgenossenschaft, die Revisionszahlen für den Oberbergamtsbezirk Dortmund pro 1911 zusammengestellt; hiernach wurden 185 bestehende Anlagen zusammen 23 198 mal kontrolliert, so daß auf jede Anlage durchschnittlich 162, also wöchentlich etwa drei Revisionen entfallen. Hierbei sind die außerdem vorgenommenen 6857 Unfalluntersuchungen nicht berücksichtigt.

Diese Kontrollzahlen erscheinen zunächst hoch und erst recht, wenn erwähnt wird, wie es im „Kompaß“ geschieht, daß besonders gefährliche Gruben in der Kontrolle mehr berücksichtigt wurden; wenn man sich aber vorstellt, daß 185 Anlagen etwa 280 Schächte besitzen, und wenn wir berücksichtigen, welchen Umfang diese Schächte in räumlicher Ausdehnung haben und wieviel Betriebspunkte für jede Grube in Frage kommen, dann erscheint diese Revisionszahl von durchschnittlich drei wöchentlich gering. Denn der kontrollierende Beamte vermag doch in den paar Stunden (die gewöhnliche Dauer der Revision) nicht den ganzen Betrieb auch nur entfernt zu befahren. Es kommt für so einen Kontrollgang entweder ein kleiner und daher gründlicher Teil der Grube oder ein allgemeiner und daher flüchtiger Teil in Frage. Beides läßt Lücken; wollte man diese durch Vermehrung der Revierbeamten beseitigen, so müßte sie so groß sein, daß etwa auf jede Schachtanlage ein Beamter entfiele. Das wäre eine Möglichkeit. Würde aber damit eine größere Sicherheit der Gruben und somit eine Verminderung der Unfälle garantiert sein? Wir glauben es nicht. Und zwar wegen der Verhältnisse des Ruhrreviers (Gedingevertrag, Prämiensystem) und wegen der Art der Kontrolle durch die staatlichen Organe, wie wir sie gleich unten kennen lernen.

Der Staat selbst hat seine Absicht in bezug auf die Grubenkontrolle so ausgedrückt, daß er sich im wesentlichen auf den Erlaß von Vorschriften beschränken wolle, während die Revision der Beamten nur Stichproben dafür sein sollen, wie die Vorschriften in der Praxis beachtet und durchgeführt werden[4]. Es liegt daher ja auch keine eingehende Prüfung der Vorschriften in seinen Intentionen. Darum ist die Ansicht von Dr. Münz zurückzuweisen, daß die Aufsicht eine „recht eingehende" sei, die er auf die unten angeführten Gründe stützt[5].

Faßt man daher die Kontrolle in dem staatlichen Sinne auf, so dürfte die Zahl der staatlichen Beamten genügen, wenn wir die Verhältnisse für Preußen, wo auf je 3430 Arbeiter ein staatlicher Auf-

---

[4] Drucksache 136, S. 14 des preußischen Abgeordneten-Hauses pro 1908/09.

[5] Dr. H. Münz, Die Lage der Bergarbeiter im Ruhrrevier, S. 114, sagte, daß für die bergpolizeiliche Aufsicht für jedes Bergamt ein Revierbeamter und zwei Einfahrer in Frage kämen. „Speziell diese letzteren (er meint die Einfahrer) sind lediglich staatliche Anfsichtsorgane;" sie seien aus den Reihen der technischen Grubenbeamten hervorgegangen und wären wie diese mehrere Jahre praktisch als Bergmann tätig gewesen. „Die Aufsicht ist deshalb eine recht eingehende und viele Berginspektionsberichte erwähnen, daß die größeren Zechen ihres Bezirkes wöchentlich mehrmals revidiert wurden." Diese Angaben reichen zum Beweis für die Behauptung einer recht eingehenden Aufsicht ganz gewiß nicht aus.

sichtsbeamter entfällt, auf das Ruhrrevier übertragen und von der staatlichen Kontrolle nur Stichprobenentnahme verlangen. Das zugegeben, so muß doch daran erinnert werden, daß es dem Wesen der Stichproben entspricht, um einen tatsächlichen Einblick in die Verhältnisse zu gewähren, daß sie objektiv entnommen werden. Daß aber die Stichproben im Ruhrrevier stets objektiv genommen werden oder werden können, unterliegt erheblichen Zweifeln.

Wenn wir mit dem Revierbeamten in Berührung kommen, so werden wir den Eindruck nicht los, daß er seinen Beruf ernst nimmt. Aber wenn er zu seinen Kontrollgängen geht, wird er unbewußt von Momenten beeinflußt, die eine objektive Wahrnehmung beeinträchtigen müssen[6]. In den erwähnten alten Bergordnungen war streng darauf gehalten, die staatlichen Aufsichtsorgane absolut freizuhalten von per-

[6] Der Abgeordnete Gothein, der früher selbst Revierbeamter war, führte damals (vgl. 30. Sitzung des preußischen Abgeordneten-Hauses 1899) in bezug auf die Kontrolle der staatlichen Organe aus:

„Meine Herren, wenn der Revierbeamte den Bergarbeitern wie den Direktoren gegenüber ein Vertrauensmann sein soll, so muß er seßhaft sein und fest im Revier sitzen. Das kann der Revierbeamte wohl, das kann aber nicht der fluktuirende Assessor, der natürlich den dringendsten Wunsch hat, so schnell wie möglich aus diesem Verhältnis herauszukommen und selbständiger Berginspektor oder Revierbeamter zu werden.

Das ist der große Mangel dieser Einrichtung; er steht auch nicht in Einklang mit dem, was das Berggesetz gewollt hat. Auf diesem Umwege führt man die Bergämter als neue Instanz ein; man schafft den Assessor als unterste Aufsichtsbehörde, darüber den Bergrevierbeamten, der einen Stab von Assessoren um sich hat und dadurch die einzelnen Verhältnisse praktisch nicht mehr vollständig übersehen kann.

Es hat das aber noch nach anderen Richtungen Gefahr. Solche Revierbeamte kommen sich manchmal dadurch übermäßig wichtig vor und glauben, über den Privatbergbau einfach diktieren zu können, und entwickeln nicht mehr den nötigen Takt. Ich habe in dieser Beziehung viele Klagen gerade aus den Klassen der Bergwerksbesitzer und Bergwerksdirektoren in neuerer Zeit gehört.

Wenn man die Bergpolizei wirklich gut und praktisch machen will, so daß sie ihren Zweck erfüllen kann, dann ist es nötig, das der Revierbeamte so gestellt wird, daß er sorgenfrei leben kann und mit Lust und Liebe seine Arbeit verrichtet.

Bereits der Herr Minister v. Berlepsch hat seiner Zeit als dringend notwendig anerkannt — ich verweise auf den stenographischen Bericht des Hauses —, daß die Revierbeamten im Gehalt den Bergwerksdirektoren gleichgestellt würden. Aber trotz der neuen Gehaltsregulierung, die eingetreten ist, ist dieser Wunsch nicht erfüllt worden. Und nun sind sie nach einer anderen sönlichen Rücksichten. Das heute geltende Bergrecht regelt die Sache anders: „Die Bergbeamten des Staates, deren Frauen und unter väterlicher Gewalt stehenden Kinder können im Verwaltungsbezirke der ersteren durch Mutung keine Bergwerke oder Kuxe erwerben. Zu solchen Erwerbungen durch andere Rechtsgeschäfte unter Lebenden ist die Genehmigung des Handelsministers erforderlich" (§ 195, 1).

Es ist hiernach also nicht zu schwer, daß verwandtschaftliche Beziehungen eine Rolle spielen können; denn die Vorschrift über den Grad der Verwandtschaft, wie die Grenze des örtlichen Verwaltungsbezirkes ist mangelhaft, weil z. B. nicht mehr unter väterlicher Gewalt stehende Kinder, sowie die sonstigen vielen Verwandtschaftsgrade nicht erfaßt werden. Zweitens zerfällt der Oberbergamtsbezirk Dortmund gegenwärtig in 19 Bergreviere, an deren Spitze mindestens ein Bergrevierbeamter steht mit seinem örtlichen Verwaltungsbezirk, so daß ein Hinübergreifen, zum Zwecke des Erwerbes von Bergwerkseigentum, in einem anderen Verwaltungsbezirk nicht zu schwer fallen dürfte.

Ein Abgeordneter sagte gelegentlich im Reichstag: „Die Familienmitglieder kontrollieren die Gruben ihrer eigenen Familienangehörigen[7]"; und ein anderer stimmte ihm zu, daß er mit Recht auf die Versippung der Bergbeamten mit den Besitzern hingewiesen habe[8].

Es liegt in der menschlichen Natur, daß da, wo solche verwandtschaftliche Beziehungen bestehen, eine objektive Kontrolle erschwert, wenn nicht unmöglich gemacht wird. Es kann daraus eine Parteilich-

Richtung wesentlich schlechter gestellt worden, namentlich in den großen, ganz eng angebauten Industrierevieren. Sie beziehen keine Reisegelder für eintägige Reisen; sie sollen die Straßenbahn, die Dampfbahn benutzen; sie können dann natürlich ganz minimale Reisekosten liquidieren, die absolut ihrem Aufwande nicht mehr entsprechen. So ein Revierbeamter muß seinen Grubenanzug mit auf die Grube nehmen; soll er mit der Reisetasche in der Hand in solche Industriegegend, wo er auch seine soziale Stellung wahren muß, bis zur Straßenbahn laufen und dann mit dem schmutzigen Anzug ebenso wieder zurückfahren? Derartige Maßregeln haben die Folge, daß der Revierbeamte natürlich sieht, diese Reisen und Befahrungen, die ohnehin keine Annehmlichkeit sind, so viel als möglich einzuschränken; er setzt dabei das Geld zu, und dazu ist er nicht verpflichtet. Außerdem sind die Lebensverhältnisse in solchen Industrierevieren so teuer, daß die besten Kräfte unter den Revierbeamten sehen, in kürzester Frist aus einer solchen Stellung herauszukommen und in den besser besoldeten Privatdienst überzugehen."

[7] Abgeordneter Hue im Reichstag vom 24. 11. 1908.

[8] Abgeordneter Gothein im Reichstag vom 25. 11, 1908.

keit entspringen, die der Sicherheit der Gruben wahrlich nicht dienlich sein dürfte [9].

Ob diese Fälle auf verwandtschaftlichen oder sonstigen Motiven beruhen, läßt sich natürlich nicht sagen. Aber sie geben doch ein eigenartiges Bild von dem Verhältnis zwischen den Gruben und dem kontrollierenden oder zur Kontrolle berufenen Beamten.

Der gesellschaftliche Verkehr zwischen den Bergbesitzern und den Direktoren einerseits und dem kontrollierenden Beamten anderseits, welcher außer gerade durch Verwandtschaft begründet zu sein, durch das „Milieu" (gleiche Bildung durch die Hochschule usw.) gegeben ist, bringt Umstände mit, die dem Wesen einer Kontrolle völlig fremd sind.

---

[9] a) Am 20. August. 1898 brach der Schacht Gustav bei Essen zusammen und tötete 6 Menschen. Die Bergarbeiterzeitung berichtete über diesen Fall und behauptete, daß Verfehlungen gegen Bergpolizeivorschriften vorgelegen hätten. Die köln. Volkszeitung druckte diesen Artikel der Bergarbeiterzeitung ab und sie (und nicht die Bergarbeiterzeitung) erhielt darauf eine Berichtigung des Inhalts — — — und zwar von der Bergbehörde —, daß der Schacht Gustav erst am 19. Aug. gefährlich geworden sei. Am 10. 2. 1906 teilte der Abgeordnete Hue im Reichstag über diesen Fall mit, daß die Bergbehörde schon im Mai 1898, also lange vor dem Unglück, von einem beschwerdeführenden Steiger schriftlich auf die Gefährlichkeit des Schachtes mit dem Hinweis gelenkt wurde, daß er nicht in gehöriger Weise verbaut sei und daß sich bei einer genauen Prüfung solche Mängel ergeben würden, die eine Weiterförderung fraglich machten.

b) Am 10. Juli 1905 brach auf der Zeche Borussia ein Schachtbrand aus, wobei 39 Menschen getötet wurden. Erst fast 1 Jahr später konnte man zur Unfallstelle gelangen und schon 2 Tage nach dem Unglück hat die Bergbehörde durch den Grubenvorsitzenden, Bankdirektor Müller, erklären lassen, wie der Staatsanwalt in dem Prozeß gegen die Bergarbeiterzeitung sagte, daß der Grubenverwaltung keine Schuld beizumessen wäre. Vgl. Gen. Vers. des Berg. Verb., vom 5. bis 9. Mai 1907, S. 365—66).

c) Vgl. S. 81. Anmerkung 10; ebenso S. 82, Anmerkung 11.

d) Als auf der Zeche Langengraben ein Mann in den Schacht gestürzt war und die Bergarbeiterzeitung in dem Sinne darüber berichtete, daß dieses Unglück darauf zurückzuführen sei, (entgegen der amtlichen Untersuchung, welche Unvorsichtigkeit des Arbeiters festgestellt hatte) daß die bergpolizeilich vorgeschriebene Sicherheitsstange am Schacht gefehlt hätte und erst nach dem Unglück angebracht worden sei, da berichtigte die Bergbehörde die Bergarbeiterzeitung dahin, die vorgeschriebene Sicherheitsstange sei stets dagewesen. Hierauf antwortete die Berg. Arb. Ztg., die Bergbehörde sei hintergangen, das Untersuchungsprotokoll sei gefälscht (wofür sie Beweis anbot). Bis heute, erklärte Abg. Hue in der unter a erwähnten Reichstagssitzung, warte man noch auf eine Vernehmung oder eventl. Anklage in dieser Sache.

Denn dieser gesellschaftliche Verkehr ist sicher als die Ursache zu betrachten, daß es in manchen Bergrevieren üblich ist, daß sich die Kontrollbeamten für ihre Kontrolle vorher anmelden[10].

Daß solche Kontrollen praktisch keine wirklichen Stichproben über die Beachtung und Durchführung der bergpolizeilichen Vorschriften liefern können, liegt doch auf der Hand. Wir sehen daher in den verwandtschaftlichen und gesellschaftlichen Beziehungen der Bergbesitzer und Direktoren und anderseits der kontrollierenden Beamten, Momente, welche die Grubenkontrolle zu bloßen Besuchen degradieren.

Waren das die Momente, deren Ursache für die Wirksamkeit der Grubenkontrolle in persönlichen Verhältnissen der Beamten, welche durch das Berggesetz gefördert werden, zu suchen sind, so treten hierneben Momente anderer Art: Das System der hastigen Produktion im besonderen durch Gedingevertrag und Prämiensysteme gefördert, schließt im gewissen Sinne eine Unehrlichkeit gegenüber der Bergpolizei ein.

---

[10] Der Sachverständige Mantel sagte im Radbod-Prozeß über die Anmeldung der Bergbeamten aus: „Ich könnte zur Illustrierung einen Fall aus meiner Praxis erzählen, daß sich die Bergbehörde angemeldet hat: Auf „Zollern II" ist uns abends gesagt worden: Der Bergrat Salter wollte morgen früh eine Grubenfahrt machen. Wo er fahren wollte, wußten wir nicht. Am anderen Morgen standen ein Kollege und ich, die die Reviere beieinander hatten, zusammen in der Seilbahn, und da bekam mein Kollege vom Betriebsführer einen Zettel: „Der Herr Bergrat fährt Flöz 5 oberer Bremsberg. Nehmen sie sofort die Leute weg und legen Sie sie an einen anderen Arbeitsplatz." Und warum? Es war mit der Bewetterung auch nicht so geheuer. Deshalb mußten die Leute weggelegt werden. . . . "

Die Bergarbeiterzeitung (Nr 31, 1905) berichtet die vorherige telephonische Anmeldung der Bergbehörde auf der Zeche Helene. Von der Zeche Holland teilt sie (Nr. 25, 1911) ein Schreiben des Reviersteigers an den Fahrhauer mit, aus dem hervorgeht, daß er vom Eintreffen der Bergbehörde unterrichtet ist, denn er gibt in diesem Schreiben dem Fahrhauer eine ganze Anzahl Mängel an, die noch schnell vorher beseitigt werden sollen, das selbe ergibt sich aus einem Brief des Reviersteigers der Zeche Teutoburgia an den Nachtsteiger (vgl. Berg.-Arb.-Zt. Nr. 44, 1912) worin er die Anweisung zur Beseitigung von verschiedenen Mängeln vor dem Eintreffen der Bergbehörde gibt.

Die Köln. Ztg. (Nr. 1243 vom 26. 11. 1908) schrieb anläßlich der Radbodinterpellation im Reichstag: „Gerade der Umstand, daß, wie auch in den jetzigen Parlamentsverhandlungen, unwidersprochen behauptet worden ist, die Kontrolle durch die staatlichen Bergbehörden vorher den Zechenverwaltungen bekannt wird, hat das Mißtrauen der Bergleute wachgerufen . . . . ., daß Zechenverwaltung und Bergbehörde sich in die Hände arbeiten . . ."

Der Arbeiter hat im Gedingevertrag die Sicherheit der Gruben und die Kohlenförderung im Akkord übernommen; der Steiger dagegen durch seinen Anstellungsvertrag mit den Prämiensystemen. Da aus diesem Zustand, den wir früher kennen lernten (vgl. S. 20, Anmerkung 16—18), Steiger und Arbeiter das wesentliche Interesse an einer hohen Förderleistung haben, so folgt, daß sie an Arbeiten, die ihnen keinen Gewinn bringen, zum mindesten weniger interessiert sein dürften. Aus diesen Verhältnissen ist es zu verstehen, daß die Grubenbeamten sehr oft und systematisch darauf ausgehen, die Bergbehörden, also die Kontrollbeamten zu täuschen[11]. Sei es, daß man wichtige Eintragungen in die Zechenbücher[12] unterläßt oder daß man gefährliche Betriebspunkte, an denen nach bergpolizeilicher Vorschrift nicht

[11] Der Betriebsführer der Zeche D. K. forderte den Fahrsteiger auf mit ihm anzufahren, als er wußte, daß der Einfahrer kam, um Wetterproben aus den Flözen 17 und 19, wo schon früher am 28. 11. 11. 16 Menschen tödlich verunglückten, zu entnehmen. Um den Kontrollbeamten zu täuschen, versteckte sich der Betriebsführer mit dem Fahrsteiger in der Grube so lange, bis der Einfahrer vorüber war und sie die Wettertüren losstellen konnten. Die Folge war, daß der Einfahrer die Probe aus den frischen Wettern entnahm. Die Analyse dieser Wetterprobe schien der Bergbehörde so sonderbar, daß sie einen Assessor zur Zeche schickte, um eine neue Probe zu holen. Als er zur Zeche kam, ließ der Betriebsführer dem abwesenden Fahrsteiger den folgenden Brief sofort zustellen: „Herrn Fahrsteiger H! In 171 und 191 sollen an derselben Stelle wie früher Wetterproben genommen werden. Wie früher verfahren." Der Fahrsteiger hat diesen Befehl auch ausgeführt. Als er von der Zeche entlassen wurde, hat er diesen Brief der Bergbehörde vorgelegt; dennoch wäre bis jetzt noch von einer Anklage nichts bekannt. (Vgl. Wie die Wetter schlagen, S. 28—29, von G. Werner). Vgl. auch S. 50.

[12] Auf der Zeche Radbod ereignete sich bekanntlich am 12. Nov. 1908 das furchtbare Drama, dem 348 Menschen zum Opfer fielen; die Ursache dieses Unglücks bildete eine Schlagwetter-Explosion. Schon etwa 4 Wochen vor diesem Unglück hatte auf dieser Zeche eine Explosion schlagender Wetter stattgefunden. Nach bergpolizeilicher Vorschrift muß auf jeder Zeche ein Wetterbuch vorhanden sein, in das der beauftragte Beamte Ansammlungen von Schlagwettern, die er beobachtete, einzutragen hat. Nun ergab sich im Radbod-Prozeß die eigenartige Tatsache, daß, obgleich schon 4 Wochen vor dem großen Unglück eine Explosion stattgefunden hatte, obgleich der Revierbeamte, vielmehr sein Hilfsarbeiter, der in diesem Prozeß als Sachverständiger auftrat, aussagte, die Zeche Radbod sei ein „Schlagwetterloch", obgleich eine ganze Anzahl Zeugen aussagten, ständig Schlagwetter beobachtet und dem aufsichtführenden Steiger davon Mitteilung gemacht zu haben (der es bestritt) dennoch keine einzige Eintragung im Wetterbuch zu finden war. Stereotyp heißt es da immer: „alles rein."

gearbeitet werden dürfte, plötzlich stillegt [13] oder durch einen Bretterverschlag abkleidet [14].

Will man daher eine Sanierung der staatlichen Kontrolle herbeiführen, so muß sie Hand in Hand gehen mit der Sanierung der sonstigen Verhältnisse (Gedingevertrag, Prämiensysteme). Erst dann ist eine Besserung gegenüber der heutigen, unwirksamen Kontrolle zu erwarten.

2. Die Königlichen Einfahrer.

Das entsetzliche Unglück auf der Zeche Karolinenglück im Jahre 1898, das 116 Menschen auf einen Schlag zur letzten Ruhe rief, war die Geburtsstunde der neuen Kontrollorgane der „Königlichen Einfahrer".

Wir entsinnen uns des dumpfen, grauen, regnerischen Februartages genau, der, trotz seines ungastlichen Gebahrens, unzählige Menschen herbeigerufen hatte, um die toten Bergleute auf ihrer letzten Fahrt zur Einsamkeit und Ruhe zu begleiten. Der Gegensatz zwischen Arm und Reich, Hoch und Niedrig war hier wie aufgehoben: denn alle schienen von den gleichen Gedanken erfüllt, schienen von herzlicher aufrichtiger Trauer ergriffen. Welcher Anblick, alle Menschen im Geiste einig zu sehen!

Auf dem Zechenplatz standen die Opfer im Kreise zu zwei, vier, sechs oder mehr aufgebahrt, auf schwarz behangenen Wagen. Der graue Regen fiel wie schwere Tränen auf die Toten. Tiefe, ergreifende Stille ringsumher! Da tritt plötzlich schüchtern in den Kreis jene verschleierte Frau, von der Sudermann erzählt. Sie hält ein armseliges Kränzchen in der Hand, geht der Wagenreihe nach, liest die auf den Bahren gehefteten Täfelchen, macht den Weg nochmal und findet ihn nicht . . . den Ernährer, den Gatten, der vielleicht auch ihr Freund war! In diesem Moment, wo die Frau, vom Schmerz überwältigt, erschüttert dasteht, wird die lautlose Stille jäh unterbrochen: die Musik spielt und dumpf setzen die Glocken der nahen Kirchen ein; doch das Ohr ist taub; — erst allmählich — wie von weit, — weit — her — dringen die Akkorde aus der „Nordischen Sommernacht" fast beruhigend herüber, denen von der christlichen Kirche der Text unter-

---

[13] Vgl. S. 81 Anm. 10.

[14] Die Bretterverschläge sind das regelmäßige Mittel die Bergbehörde zu täuschen. (Vgl. auch Dr. Pieper, S. 143, Die Lage der Bergarbeiter im Ruhrrevier; desgleichen Inbusch S. 133)

legt wurde „Jesus meine Zuversicht“. Der Knappen letzte Fahrt hat begonnen.

Der Ruf nach Arbeiterkontrolleuren[15] wurde nach diesem Unglück allgemein und dringend erhoben, und die Regierung fühlte sich veranlaßt, eine Kommission zur Erforschung der Wirksamkeit der Arbeiterdelegierten ins Ausland zu entsenden. Auf den von dieser Kommission erstatteten Bericht werden wir bei den Sicherheitsmännern noch eingehen.

Man glaubte damals eine Verbesserung der Grubenkontrolle dadurch herbeiführen zu können, indem man den Revierbeamten untere Kontrollorgane beigab. Daher wurden in den Etat der Berg-, Hütten- und Salinenverwaltung pro 1898 50 neue Stellen für Revieraufsichtsbeamte (Einfahrer) aufgenommen. Dazu ist erklärend bemerkt: „Gegenüber den in den letzten Jahrzehnten, mit der Zunahme der Tiefen und der großen Ausdehnung der Gruben gesteigerten Gefahren des Steinkohlenbergbaues erscheint eine Erweiterung der Aufsichtsorganisationen unumgänglich. Da dieses Ziel durch eine Vermehrung der Revierbeamten nicht erreicht werden würde, so empfiehlt es sich — nach dem Vorgange in anderen Bergbauländern — den Revierbeamten in den Steinkohlenbezirken untere Aufsichtsbeamte beizugeben, welche fortgesetzt die Erkundung und Feststellung einzelner tatsächlicher Verhältnisse, insbesondere des Sicherheitszustandes der Gruben vornehmen und damit zugleich die Revierbeamten in ihrem verantwortungsreichen Amte unterstützen und entlasten sollen“ (P. Z. Band 47, Seite 87).

So traten denn die Königlichen Einfahrer, die meistens aus den Steigerkreisen des fiskalischen Bergbaues genommen wurden, in Wirksamkeit. Die Tätigkeit der Einfahrer fällt also voll und ganz in den Rahmen der kontrollierenden Tätigkeit der Revierbeamten. Da aber diese Tätigkeit als unfruchtbar bezeichnet wurde, so erübrigt es sich, auf die Tätigkeit der Einfahrer im besonderen einzugehen.

---

[15] Schon 1890 forderten die deutschen Bergleute in Halle Anstellung von Hilfsinspektoren; auf dem Kongreß waren Anhänger aller Richtungen vertreten. 1894 erneuerte der Essener Bergmannstag nochmals die Forderung und 1897 schlossen sich dem die auf speziell christlichem Boden stehenden Teilnehmer an auf dem Bochumer Knappenkongreß“. (Vgl. Antwort des Vorstands des Deutschen Berg- und Hüttenarbeiter-Verb. auf die Denkschrift der Bergbesitzer bez. Arb.-Kontrollöre, Deutsche Berg- und Hüttenarbeiter-Zeitung 1898, Nr. 37.)

B. Die Organe der Grubenkontrolle aus den Kreisen der Betriebsbeamten.

1. Die Betriebsbeamten im allgemeinen.
2. Die Steiger.

1. Die Betriebsbeamten im allgemeinen.

Nach dem Freiberger Bergrecht wurden die Grubenbeamten unter Mitwirkung des Landesherrn angestellt. Das durch die Cleve-Märkische Bergordnung vom Jahre 1766 verschärfte Direktionsprinzip machte die Grubenbeamten zu Staatsbeamten, so daß hier polizeiliche Anordnung und Durchführung in den Händen von Staatsbeamten lag. Diese Einrichtung wurde erst um die Mitte des vorigen Jahrhunderts durch das preußische Berggesetz vom Jahre 1851, betreffend die Miteigentümer eines Bergwerkes durchbrochen, wie wir am Anfang des Kapitels „Grubenkontrolle" mitgeteilt haben. Der Staat behält sich durch dieses Gesetz in bezug auf die Grubenbeamten ihre Qualifikationsprüfung und das Bestätigungsrecht ihrer Anstellung vor. Das Gesetz vom 21. Mai 1860, betreffend die Aufsicht der Bergbehörden über den Bergbau usw., beseitigte die Direktion völlig: Die Bergbehörde hat nur noch die Qualifikation der Grubenbeamten zu prüfen und anzuerkennen. Hieran wurde durch das allgemeine Berggesetz für die preußischen Staaten von 1865 grundsätzlich nichts geändert; erst durch die Novelle zu diesem Gesetz vom 28. Juni 1909 wurde erstens im Artikel I das Verhältnis der Grubenbeamten in bezug auf ihre Verantwortung schärfer begrenzt, während zweitens durch den Artikel II die Sicherheitsmänner geschaffen wurden.

Bei Erlaß des allgemeinen Berggesetzes im Jahre 1865 waren im Bergbau, im besonderen im Ruhrbergbau, wesentlich andere Verhältnisse, als bei Erlaß der Novelle im Jahre 1909.

Die Gruben hatten damals nicht die Ausdehnung und Tiefe wie heute; sie konnten daher in bezug auf die Sicherheit leichter übersehen und kontrolliert werden. Dazu kam die wachsende Gefährlichkeit der Gruben mit der Zunahme der Tiefe, der Verwendung vieler neuer technischer Einrichtungen und Maschinen und die verstärkte Einstellung fremder ungelernter Arbeiter.

Das Gesetz von 1865 verpflichtete die Bergbesitzer nur, den Betrieb auf Grund eines der Bergbehörde vorzulegenden, von ihr zu prüfenden Betriebsplanes zu führen und die Leitung und Aufsicht nur solchen Personen anzuvertrauen, die hierzu von der Bergbehörde anerkannt sind. Den so anerkannten Personen wurde die besondere Verantwortung für die Innehaltung der Betriebspläne, sowie die Beachtung aller im Gesetz enthaltenen oder darauf beruhenden Vorschriften und Anordnungen auferlegt. Dieses waren also die Betriebsbeamten, wie Betriebsführer oder seine Stellvertreter (sei es Fahrsteiger oder Obersteiger) und im wesentlichen die Steiger; während der Bergbesitzer oder sein Vertreter schlechthin nicht verantwortlich sind.

Bei der geringen Ausdehnung der Gruben mochte diese Anordnung den Verhältnissen angepaßt sein; aber als der Bergbaubetrieb immer größeren Umfang annahm und der Bergwerksbesitzer zur ordentlichen Bewirtschaftung seines Werkes Hilfskräfte, meistens akademisch gebildete Personen (Direktoren, Inspektoren), heranziehen mußte, die den gesetzlich verantwortlichen Personen (Betriebsbeamten) als Vorgesetzte gegenübertraten, ergab sich, daß diese unverantwortlichen Personen durch rein wirtschaftliche Anweisungen auf die technische Seite des Betriebes einzuwirken vermochten, für die eben andere Personen die Verantwortung trugen[16]. Die Verantwortlichkeit dieser höheren Beamten wurde nach der Praxis der Gerichte durch R.St.G. statuiert, insoweit sie als Anstifter, Mittäter oder Gehilfen in Frage kamen; sie waren also nur mittelbar verantwortlich. Für die unmittelbar verantwortlichen Betriebsbeamten entwickelte sich die Rechtsprechung der Gerichte dahin[17], daß ihre Verantwortlichkeit sich nicht nur auf Verstöße gegen bergpolizeiliche Vorschriften erstreckte, sondern auch auf alle aus der verantwortlichen Leitung und Aufsicht des Bergwerkbetriebes sich ergebenden Verschuldungen, Anwendung fand. Und für den Betriebsführer ging diese Verantwortlichkeit sogar so weit, daß sie selbst da auferlegt wurde, wo es nach den tatsächlichen Verhältnissen geradezu unmöglich war, jede Einrichtung und die Durchführung jeder Anordnung zu überwachen (vgl. Urteile des R.G. vom 26. November 1881 und vom 10. Juli 1885). Diese Verantwortlichkeit des Betriebsführers ist später durch ein Urteil des Kammergerichts vom 2. März 1903 anders aufgefaßt worden, indem sie beschränkt wird auf die allgemeinen zivil- und strafrechtlichen Grundsätze, wonach er nur Vorsatz oder Fahrlässigkeit zu vertreten hat. Da sich aber auch sonst die Auffassung der höchsten Gerichte in bezug auf die Verantwortung im Grubenbetriebe nicht deckte, schien es doppelt notwendig, die Gesetz-

---

[16] vgl. Begründung betr. die Berggesetznovelle vom 28. 7. 1909, Drucksache Nr. 136 I des Abg.-Hauses Jahrgang 1908—1909.

[17] Vgl. Begründung Drucksache 136 I des Abg.-Hauses Jahrgang 1908—1909.

gebung schärfer zu fassen; daher enthält der Artikel I der Novelle vom 28. Juli 1909 Vorschriften, die diesen Willen des Gesetzgebers, schärfere Begrenzung der Verantwortung, ausdrückt. Nach dieser Novelle liegen die Verhältnisse nun so:

§ 73. „Der Betrieb darf nur unter Leitung, Aufsicht und Verantwortlichkeit von Personen geführt werden, deren Befähigung hierzu anerkannt ist (Aufsichtspersonen)."

§ 74. „Der Bergwerksbesitzer hat die zur Leitung und Beaufsichtigung des Betriebes angenommenen Personen (§ 73), wie Betriebsführer, Steiger, technische Aufseher usw., unter Angabe des einer jeden zu übertragenden Geschäftskreises der Bergbehörde namhaft zu machen (Abs. 1).

Diese Personen sind verpflichtet, ihre Befähigung zu den ihnen zu übertragenden Geschäften nachzuweisen und sich zu diesem Zwecke auf Erfordern einer Prüfung durch die Bergbehörde zu unterwerfen (Abs. 2).

Erst nachdem letztere die Befähigung anerkannt hat, dürfen die genannten Personen, die ihnen übertragenen Geschäfte übernehmen (Abs. 3)."

§ 75. „Wird der Betrieb oder ein Teil desselben von einer Person geleitet oder beaufsichtigt, welche das erforderliche Anerkenntnis ihrer Befähigung (§ 74) nicht besitzt, oder welche diese Befähigung wieder verloren hat, so ist die Bergbehörde nach Anhörung der Beteiligten befugt, die sofortige Entfernung derselben zu verlangen und nötigenfalls den in Betracht kommenden Betrieb so lange einzustellen, bis eine als befähigt anerkannte Person angenommen ist (Abs. 1).

Gegen die Entscheidung, durch welche die Befähigung einer Person nicht anerkannt oder einer Person die Befähigung aberkannt worden ist, findet innerhalb zwei Wochen von der Zustellung an die Klage im Verwaltungsstreitverfahren bei dem Bergausschusse statt. Die Entscheidung des Bergausschusses ist endgültig (Abs. 2)."

§ 76. „Eine jede der Aufsichtspersonen, welche die Leitung oder Beaufsichtigung des Betriebes übernommen haben, ist innerhalb des ihr übertragenen Geschäftskreises für die Innehaltung der Betriebspläne sowie für die Befolgung aller im Gesetz enthaltenen oder auf Grund desselben ergangenen Vorschriften und Anordnungen verantwortlich (Abs. 1).

Der Bergwerksbesitzer oder sein gesetzlicher Vertreter, die von ihm mit der Verwaltung des Bergwerksbesitzes Beauftragten sowie diejenigen Personen, welche den in §§ 73 und 74 bezeichneten Aufsichtspersonen vorgesetzt sind, sind neben den im Abs. 1 bezeichneten Personen verantwortlich:

1. insoweit sie mit Anordnungen in den Betrieb eingegriffen haben, von denen sie wußten oder wissen mußten, daß ihre Ausführung gegen die Betriebspläne oder gegen die im Gesetz enthaltenen oder auf Grund desselben ergangenen Vorschriften und Anordnungen verstoßen würde;
2. insoweit sie durch Handlungen oder Unterlassungen den ihnen unterstellten Aufsichtspersonen die Möglichkeit genommen haben, den ihnen nach dem Gesetz oder nach den auf Grund desselben ergangenen Vorschriften und Anordnungen obliegenden Verpflichtungen nachzukommen;
3. wenn sie von einer Handlung oder Unterlassung der ihnen unterstellten Personen Kenntnis erhalten und diese zugelassen haben, obwohl sie wußten, daß sie gegen die Betriebspläne oder gegen die im Gesetz enthaltenen oder auf Grund desselben ergangenen Vorschriften und Anordnungen verstoße;
4. wenn sie bei der nach ihrer tatsächlichen Stellung zum Betrieb ihnen obliegenden und nach den Verhältnissen möglichen eigenen Beaufsichtigung der ihnen unterstellten Aufsichtspersonen es an der erforderlichen Sorgfalt haben fehlen lassen (Abs. 2).

Die im Absatz 2. bezeichneten Personen sind von dem Werkbesitzer unter Angabe ihres Geschäftskreises der Bergbehörde namhaft zu machen (Abs. 3)."

Der Sinn des § 73 war auch schon in dem § 73 des Gesetzes von 1865 enthalten; aber es werden jetzt die zur Leitung des technischen Betriebes befähigten Personen, im Gegensatz zu den im § 76, 2 bezeichneten Personen (Werkbesitzer, höhere Beamte) als Aufsichtspersonen bezeichnet. Die Begrenzung dieser Bezeichnung auf die im §§ 73 und 74 genannten Personen ist neu. Neu und von grundsätzlicher Bedeutung ist auch der Abs. 1 des § 74, nämlich, daß der Bergwerkbesitzer den Geschäftskreis einer Aufsichtsperson anzugeben hat; diese Vorschrift geht mit dem § 76, 1 in engem Zusammenhang, daß jede Aufsichtsperson „innerhalb des ihr übertragenen Geschäftskreises" verantwortlich ist, für die Innehaltung der Betriebspläne usw.

Der § 75 hat gegen die früheren Bestimmungen einige Ergänzungen erfahren. Im Absatz 1 sind z. B. hinter die Worte: „wird ein Betrieb", die Worte eingeschaltet: „oder ein Teil desselben". Der Absatz 2 will mit Rücksicht auf die große wirtschaftliche Bedeutung für die mit einer Qualifikationsentziehung betroffenen Personen weitgehendere Rechtsgarantien schaffen, indem er das Verwaltungsstreitverfahren zuläßt.

Die Vorschriften des § 76 sind im wesentlichen neu und eine Bestätigung des Prinzips der schärferen Begrenzung der Verantwortlichkeit. Nachdem im Absatz 1 festgelegt ist, wie wir schon erwähnten, daß jede Aufsichtsperson innerhalb des ihr übertragenen Geschäftskreises verantwortlich ist, werden im Absatz 2 sowohl der Bergbesitzer oder sein gesetzlicher Vertreter, sowie diejenigen Personen, welche den in den §§ 73 und 74 genannten Aufsichtspersonen vorgesetzt sind (Direktoren usw.), neben den im Absatz 1 bezeichneten Personen, verantwortlich gemacht, unter den Voraussetzungen, wie sie im § 76 Abs. 2, gegeben sind. Hiernach ist die erste Voraussetzung einer Verantwortung, wenn die im § 76, 2 bezeichneten Personen, fahrlässig oder vorsätzlich Anordnungen auf dem Betrieb erlassen haben, deren Ausführung gegen die Betriebspläne oder gegen gesetzliche oder sonstige Vorschriften verstoßen würde. Diese Bestimmung ist von wesentlicher Bedeutung; denn durch die unmittelbare Verantwortlichkeit der höheren Beamten und des Bergbesitzers dürfte doch eine gewissenhaftere Prüfung vor der Erteilung von Betriebsanweisungen stattfinden.

Die zweite Voraussetzung einer Verantwortlichkeit ist gegeben, wenn den Aufsichtspersonen durch Handlungen oder Unterlassungen ihrer Vorgesetzten die Möglichkeit genommen wird, die bergpolizeilichen Vorschriften zu befolgen. Die Voraussetzung wäre also erfüllt, wenn den Aufsichtspersonen nicht genügend Material irgendwelcher Art geliefert würde; und das ist im Ruhrrevier (in offener oder versteckter Weise) sicher der Fall, wie die angeführten Klagen (vgl. S. 21) über den Holzmangel beweisen.

Die dritte Voraussetzung einer Verantwortung ist gegeben, wenn sie Handlungen oder Unterlassungen ihrer Untergebenen bewußt zugelassen haben. Es wird den im § 76, 2 bezeichneten Personen also implizite zur Pflicht gemacht, gesetzwidrige Handlungen oder Unterlassungen ihrer Untergebenen zu korrigieren.

Und die vierte und letzte Voraussetzung liegt dann vor, sofern die im § 76, 2 genannten Personen nach der tatsächlichen Stellung zum Betrieb ihnen obliegenden und nach den Verhältnissen möglichen eigenen Beaufsichtigung der ihnen unterstellten Aufsichtspersonen, nicht sorgfältig verfahren sind. Eine allgemeine Beaufsichtigungspflicht der in den §§ 73 und 74 genannten Personen, liegt nicht vor.

Stehen diese Personen aber durch ihre Stellung zum Betriebe so, daß sie zu einer Beaufsichtigung der im § 74 genannten Aufsichtspersonen, insbesondere des Betriebsführers verpflichtet sind, dann sollen sie bei der Beaufsichtigung sorgfältig verfahren[18].

War im Berggesetz von 1865 keine Verantwortlichkeit für den Bergbesitzer und die höheren Beamten gegeben, so ist jetzt nach der Novelle allgemein ihre Verantwortung festgelegt. Darin liegt sicher ein Fortschritt in der Gesetzgebung und auch eine Mahnung für alle im Bergbau mit der Leitung und Aufsicht nur irgendwie betrauten Personen, zu strenger Pflichterfüllung. Wir glauben, je lebendiger der Geist dieser Novelle in alle Beamten eindringt, je mehr wird er dazu beitragen, die Verhältnisse des Bergbaues in bezug auf seine Gefahren zu verbessern.

Aus dem allgemeinen Rahmen der Aufsichtsbeamten tritt infolge seiner Stellung der Steiger hervor, weil auf ihn letzten Endes jede Anordnung der höheren Beamten ruht, weil er immer unmittelbar im Betriebe steht und ständig abzuwägen hat zwischen Betriebsanweisung einerseits und Durchführung und Beachtung aller im Gesetz oder auf Grund des Gesetzes ergangenen Sicherheitsvorschriften anderseits. Daher ist es wohl angezeigt, auf die Steiger im besonderen einzugehen.

2. Die Steiger.

Wir wissen, daß die Steiger unter dem Direktionsprinzip Staatsbeamte waren, und zwar uneingeschränkt bis zum Jahre 1851. Durch das Gesetz vom 21. Mai 1860 wurden sie vollends Privatangestellte.

Die Tätigkeit der Steiger ist sehr vielseitig, obgleich mit der Zunahme und Ausdehnung der Betriebe eine Spezialisierung sich ausbildete. Erstreckte sich ihre Tätigkeit früher grundsätzlich auf alle im Betriebe vorkommenden Aufsichtsdienste neben der Kohlenproduktion, so ist heute eine Änderung dergestalt eingetreten, daß z. B. für die Wetterführung, für die Instandhaltung der Lampen und für die Maschinen usw., ein Steiger besonders tätig ist. Es kommt auch vor, daß die Steiger diese besonderen Dienste noch nebenbei versehen, neben ihrer eigentlichen Aufgabe, die Kohlenproduktion zu leiten, zu beaufsichtigen, nach einem Plane wirtschaftlich durchzuführen. Die Regel bildet heute, daß für die Kohlenproduktion und für die unmittelbar mit ihr zu beobachtenden Sicherheitsvorschriften ein Steiger tätig ist. Der so tätige Steiger erhält von der technischen Grubenverwaltung

---

[18] Vgl. Drucksache 136 I des Hauses der Abg. Jahrgang 1908—1909.

einen Bezirk, „ein Revier“, der Grube zur Bewirtschaftung überwiesen und heißt dann „Reviersteiger“. Die Reviersteiger bilden etwa ein Drittel der Steiger auf allen Zechen; ihre Anzahl richtet sich nach der Größe des Betriebes. Auf eine Belegschaft von 1000 Mann unter Tage dürften in der Regel wohl 12—15 Reviersteiger kommen; ihnen sind regelmäßig Hilfssteiger und Fahrhauer beigegeben.

Der Reviersteiger ist also für sein Revier im gesetzlichen Sinne (§ 76, 1) jene Aufsichtsperson, die innerhalb des ihr „übertragenen Geschäftskreises“ für die Innehaltung der Betriebspläne, sowie für die Befolgung aller im Gesetz vorgesehenen oder darauf basierenden Vorschriften verantwortlich ist, wobei wir wiederholen, daß auch nach der Begründung des Gesetzentwurfs, unter einem Geschäftskreis in der Regel kein örtlich begrenzter Bezirk, sondern der Kreis der sachlich dem betreffenden Beamten zugewiesenen Geschäfte, zu verstehen ist. Für den Reviersteiger würde aber, sofern ihm nicht noch sonstige Geschäfte übertragen sind, sein Aufgabenkreis, wie oben geschildert, örtlich und sachlich zusammenfallen.

Konnte früher, das heißt vor der Novelle von 1909, jeder übergeordnete Beamte als da in der Regel ist, Direktor, Betriebsführer, Obersteiger oder Fahrsteiger (mitunter auch noch der Inspektor), dem Reviersteiger Befehle erteilen ohne spezielle bergrechtliche Verantwortung, so ist das durch die Novelle anders geworden: solche Befehle sind grundsätzlich noch zulässig, jedoch, und das ist wesentlich, ist jetzt der den Befehl erteilende höhere Beamte neben dem unteren, den Befehl ausführenden Beamten, bergrechtlich verantwortlich.

Vor der Novelle kam es nicht selten vor, daß höhere Beamte Befehle erließen, welche einen Verstoß gegen bestehende Sicherheitsvorschriften einschlossen. Da aber für die Ausführung oder für die unmittelbare Anordnung der Ausführung nur der Steiger in der Regel in Frage kam, so geriet er bei der Durchführung des Befehls in einen Gewissenskonflikt. Denn bergrechtlich für die Innehaltung aller gesetzlichen Vorschriften verpflichtet, war er durch seinen Dienstvertrag Privatangestellter. Befolgte er einen solchen Befehl, so verstieß er gegen das Gesetz, befolgte er ihn nicht, so konnte davon unter gewissen Umständen seine Stellung abhängen. Solche Fälle, daß Steiger gesetzwidrige Befehle vorgesetzter Personen durchführten, sind oft vorgekommen. Wir verweisen auf den auf Seite 95 mitgeteilten Fall von der Zeche Prosper I.

Da die Gruben nach kaufmännischen Prinzipien geleitet werden, also das Moment der Rentabilität immer im Vordergrund des Interesses stehen muß und wird, die Rentabilität aber durch vorteilhafte Produktion (sei es durch höhere Produktionsleistung oder geringe Selbstkosten) bestimmt wird, so ergibt sich, daß Betriebsanweisungen der technischen Verwaltung stets in erster Linie dem Interesse, das man einer vorteilhaften Produktion entgegenbringt, entspringen, und daß erst in zweiter Linie an alle Sicherheitsvorschriften gedacht wird, die doch nur im Grunde die Rentabilität einschränken. Aus diesem ursächlichen Zusammenhang zwischen Produktionsleistung und Rentabilität des Betriebes auf der einen Seite und Durchführung der Sicherheitsvorschriften auf der anderen Seite, scheinen, einem Naturgesetz vergleichbar, alle kleineren (und mitunter auch größeren) Verstöße gegen Sicherheitsvorschriften, wie sie durchweg auf allen Zechen ständig[19] anzutreffen sind, verständlich zu werden, scheint uns die Besorgnis begründet, daß auch heute, wo eine bergrechtliche Verantwortung der höheren Beamten gegeben ist, Betriebsanweisungen, die Gesetzwidrigkeiten einschließen, ergehen und auch befolgt werden[20], wie ehedem; denn der ausführende Teil wird in der Regel immer der Steiger bleiben, der ja auch schon früher verantwortlich war und dennoch Anweisungen durchführte, die gegen das Gesetz verstießen[21].

Jede Betriebsanweisung schließt gewöhnlich zwei Momente ein: vorteilhafte Produktion und Berücksichtigung aller gesetzlichen Sicherheitsvorschriften. Und dieser Umstand gewinnt dadurch an Bedeutung,

[19] Ein alter Revierbeamter sagte gelegentlich, wie uns mitgeteilt wurde, nach der Inspektion einer Zeche: „Ja, wenn ich alle Mängel rügen wollte, so fände ich auf jeder Zeche stets Gründe genug den Betrieb stillzusetzen."

[20] Auf der Zeche D. K. gab der Direktor den Befehl, der auch ausgeführt wurde, einen Ventilator still zu setzen und auseinander zu nehmen, um so der Bergbehörde Nichtbelegung des betreffenden Arbeitspunktes vorzutäuschen, weil der Grubengasgehalt dort zu hoch war. (Vgl. auch S. 82 Anm. 11.)

[21] Im Radbodprozeß gegen die Bergarbeiterzeitung sagten sämtliche Betriebsbeamten vom Betriebsführer abwärts unter Eid aus, daß es auf der Zeche Radbod keine Schlagwetter gegeben habe, obgleich der Beamte der Bergbehörde die Zeche als „Schlagwetterloch" bezeichnete, obgleich eine ganze Anzahl Zeugen bekundeten, Schlagwetter beobachtet zu haben und einige von ihnen sogar aussagten, hiervon sowohl dem Betriebsführer, wie einzelnen Steigern Mitteilung gemacht zu haben, obgleich ein Steiger (wegen der Schlagwetter) 3 Schichten hintereinander verfahren hat und obgleich auf der Zeche Radbod schon vor dem großen Unglück eine Schlagwetterexplosion stattgefunden hatte.

Wir verweisen auch noch auf die Aussagen der Steiger von Osterfeld (vgl. S. 103).

da die privatkapitalistische Unternehmung Mittel fand, den Steiger unmittelbar an der „vorteilhaften Produktion" materiell zu interessieren, wie wir gleich sehen werden.

Die ganze Tätigkeit des Steigers wird von dem Gedanken beherrscht, seinen Arbeitgeber durch gute Leistung zu befriedigen, weil davon seine Existenz abhängt. Würde z. B. ein Steiger wegen nichtbefriedigender Leistung von einer Zeche entlassen, so dürfte es ihm wohl selten oder nie gelingen, infolge des engen wirtschaftlichen Zusammenschlusses der Bergbesitzer im Zechenverbande, im Ruhrrevier Stellung zu finden. Und befriedigende Leistung heißt für einen Steiger im Ruhrrevier soviel wie vorteilhafte Produktion, sei es durch erhöhte Leistung, sei es durch Ersparnisse aller Art. Die Tätigkeit des Steigers, vor allem die des Reviersteigers, geht also in der Kohlenproduktion auf[22].

Daß sie das tue, dafür sorgen die verschiedenen Systeme ihn an der Produktion materiell zu interessieren. Es sind im Ruhrrevier im wesentlichen zwei Prämiensysteme gebräuchlich: 1. das Fördersollprämiensystem und 2. das Selbstkostenprämiensystem. Was nun das Fördersollprämiensystem angeht, so wird es folgendermaßen angewandt. Der technischen Grubenverwaltung ist durch Erfahrung die Grenze der Förderleistung der einzelnen Steigerreviere bekannt. Der Betriebsführer oder sein Stellvertreter bespricht sie am Anfang des Monats mit den einzelnen Steigern und ist nicht selten der Ansicht, daß sie erhöht werden könne, da sich die Verhältnisse gebessert hätten, wie er sagt. Er setzt daher die Förderleistung für den kommenden Monat diktatorisch fest[23]. Wendet der Steiger ein, das sei wirklich nicht möglich, dann kommt mitunter ein Kompromiß zustande; aber das bildet die Ausnahme.

Es wird also dem Steiger die Tonnenzahl vorgeschrieben, welche er für den kommenden Monat fördern soll. Diese Zahl nennt man den „Fördersoll".

Ist z. B. der Fördersoll auf 200 t festgelegt und wird er durch die tatsächliche Förderung überschritten, dann hat der Steiger damit auch die Prämiengrenze überschritten und erhält je nach Vereinbarung pro Tonne eine Prämie.

---

[22] Vgl. S. 101, Die Tätigkeit des Steigers Schäfer auf Osterfeld.

[23] So sind auch wohl die Worte Dr. Wießners (Der Bergbau Nr. 17, 1913) zu verstehen, der sagt: „Der Reviersoll wird jeden Monat von dem Reviersteiger neu entworfen und dem Betriebsführer unterbreitet, der ihn endgültig festsetzt."

Die Normierung des Fördersolls wird gewissermaßen durch das Kohlensyndikat gegeben und bringt in die Produktion eine Hast, die von der technischen Verwaltung abwärts über den Steiger auf die Bergleute wirkt; denn es liegt in der Natur der Sache, daß die auf Erfahrung basierende maximale Förderleistung doch nur durch ein schnelleres Arbeitstempo oder schlechteres Verbauen erreicht werden kann.

Bei dem Selbstkostenprämiensystem dagegen geht die technische Verwaltung statt von der Förderung von den Selbstkosten für die Produktion der Steinkohlen der einzelnen Steigerreviere aus. Setzt man also an die Stelle der Zahl der Förderleistung die Zahl der Selbstkosten, dann hat man diese Art zu „prämiieren", nur muß hier die Zahl nicht nach aufwärts, wie bei der Förderleistung, sondern nach abwärts gehen. Ist also der Selbstkostensatz auf 6 Mk. pro Tonne festgesetzt und der Steiger vermag ihn auf 5,90 Mk. herabzudrücken, dann hat er damit die Prämiengrenze verlassen und erhält eine Belohnung in der Weise, daß er für Verminderung der Selbstkosten um 1 Pf. pro Tonne, 1 Mk. Prämie pro Tonne zu erwarten hat. Hier bekommt der Steiger die Prämie für billiges Fördern, während er beim Fördersollprämiensystem sie für vieles Fördern bekommt. Beide Systeme sind ein Symptom der unpersönlichen Unternehmung, geschaffen von dem kapitalistischen Rentabilitätsstreben, das sich mit spekulativem Sinn an den Geist, der ihn begriff, den Erwerbstrieb der Beamten wandte.

Beide Systeme haben das Gemeinsame, daß der Lohn[24] der Steiger aus einem festen Gehalt und einer Prämie besteht, wie es z. B. im folgenden Anstellungsvertrag festgelegt ist:

„Hierdurch engagieren wir Sie als Steiger für unseren Betrieb. Ihr Dienstantritt hat am . . . zu erfolgen. Sie verpflichten sich, Ihren Dienst nach der Ihnen hierüber zu erteilenden Anweisung zu führen. Sie beziehen monatlich 180 Mk. Gehalt, sowie 6 Mk. Kleidergelder und erhalten außerdem, nach unserer Wahl freie Wohnung oder eine Mietsentschädigung von 25 Mk. pro Monat. Auch haben Sie, falls Sie verheiratet sind, freien Brand und erhalten eine entsprechende Vergütung von 60 Mk. jährlich. Ferner leisten wir zu der auf Grund der bestehenden Bestimmungen abzuschließenden Lebensversicherung einen Beitrag zur Prämie von 50 %; die Unfallversicherung zahlen wir ganz.

[24] Die privatrechtlichen Verhältnisse der Betriebsbeamten sind in den §§ 88—90 b des allgemeinen Berggesetzes geregelt.

Des weiteren bemerken wir noch, daß wir unseren technischen Beamten in der Regel freiwillige Förderprämien zahlen, welche sich nach der Höhe der Selbstkosten richten; über diese Prämien, welche nicht garantiert werden, behalten wir uns jedoch jederzeit Verfügungsrecht vor. Dieses Dienstverhältnis ist beiderseits kündbar mindestens sechs Wochen vor Schluß eines jeden Quartals[25]."

Außerdem ist es üblich, den Beamten eine gewisse, aber feststehende Pauschalsumme als Prämie zu versprechen, die aber auch beliebig entzogen werden kann.

Die Wirkungen dieser Prämiensysteme sind die folgenden: Wird das erste System angewandt, so kann eine Erhöhung der Förderleistung über die bisher im Revier mögliche, erfahrungsgemäß feststehende, doch nur erfolgen durch Vermehrung oder Antreiben der Hauer oder schlechtere Verbauung. Ausnahmen kommen vor, wo eine tatsächliche Besserung der Förderungsmöglichkeit durch natürliche oder technische Umstände eintreten kann. Aber die Regel bleibt bestehen, und der Steiger weiß sich gewöhnlich dadurch zu helfen, daß er Reparaturhauer, welche die Strecken in Ordnung halten sollen, vor die Kohlen legt[26].

Und bei dem zweiten System liegt die Sache in ihrem Endeffekt ebenso, daß schlechter verbaut wird und daher die Unfallgefahr wächst.

---

[25] Vgl. Soziale Praxis Nr. 44—45 1907, Die Steigerbewegung im Ruhrrevier von Dr. L. Pieper.

[26] „Als Beispiel sei ein Fall von Zeche Prosper I erwähnt, der im Anfang des Jahres 1907 spielte. Dabei ist Zeche Prosper noch verhältnismäßig anständig im Bewilligen von Reparaturhauern. Auf anderen Zechen ist es bedeutend schlimmer. Es ist aber ein drastisches Beispiel für die herrschenden Zustände. Der Steiger R. brauchte, um sein Revier halbwegs in Ordnung zu halten, zirka 20 Reparaturhauer. Mit dieser Zahl gelang es ihm sich recht und schlecht über Wasser zu halten. Da jedoch notwendig Kohlen gebraucht wurden, schrieb ihm Betriebsführer O. ins Fahrbuch: „Sie legen sofort 6—8 Reparaturhauer vor die Kohle." Der Steiger schrieb darunter: „Wenn ich 8 Reparaturhauer vor die Kohle lege, kann ich die Verantwortung fürs Revier nicht mehr übernehmen." Der Betriebsführer schrieb darunter: „Sie legen sofort die 8 Mann vor die Kohle. Wenn sie glauben, die Verantwortung nicht übernehmen zu können, geben sie es mir schriftlich auf besonderem Bogen, damit ich das Weitere veranlassen kann. Wenn sie es nicht können, dann kann es ein anderer." Um sein Revier und seine Stellung zu behalten, befolgte der Steiger den Befehl und das Revier ging in sicherheitspolizeilicher Hinsicht den Krebsgang." (G. Werner, Unfälle und Erkrankungen im Ruhrbergbau, S. 5—6.

Da eine Prämie auf geringe Selbstkosten steht, wird natürlich gesucht sie zu verringern. Den Kernpunkt der Selbstkosten bilden aber die Löhne und die Holzkosten. Geht der Steiger unmittelbar an die Herabsetzung der Löhne, so ist der Erfolg der, daß die Leute abkehren und er sein Ziel verfehlt. Er hilft sich auf mittelbarem Wege-so: für schlecht gewordene Stempel und Hölzer, deren Erneuerung unter regelmäßigen Verhältnissen besonders bezahlt wird, gibt es keine Bezahlung mehr. Wirkung: Schlechte Stempel und Hölzer werden nicht mehr erneuert. So spart er an Holz und Arbeitslohn zugleich; und auf unmittelbarem Wege sucht er den Holzbedarf herunterzudrücken, indem er es den Kameradschaften nicht in der ordnungsmäßigen, zum Ausbau notwendigen Menge oder Qualität liefert. Die unten mitgeteilten Stellen[27], beweisen so recht, wohin dieses Prämiensystem führt, beweisen, wie der Betriebsführer, um sich der Bergbehörde gegenüber zu decken, ein Versteckenspiel treibt und wie anderseits die Unfälle unmittelbar mit diesem System in Zusammenhang gebracht werden müssen.

Es ist eine Entartung des Arbeits- und Lohnvertrages, den Erwerbsbetrieb des Menschen da anzuregen, wo er nur auf Kosten der Gesundheit und Sicherheit vieler Menschen wirksam werden kann!

In der Zeit, wo der Steiger Staatsbeamter war, konnte er jede Betriebsanweisung in bezug auf alle ihre Wirkungen vor ihrer Durchführung objektiv prüfen und ihre Durchführung, ohne materielle Schädigung für sich, falls sie seiner Überzeugung widersprach, ablehnen; anders heute: bei allen seinen Entschlüssen über Betriebsanweisungen wird er, muß er beeinflußt sein von seiner materiellen Abhängigkeit. Es muß hierbei beobachtet werden, daß das Gehalt des Steigers keineswegs sehr verlockend ist (120—200 Mk. monatlich)

---

[27] „So kommt z. B. der Betriebsführer und bestellt schriftlich: „Die Wetterstrecke in Flöz X muß erweitert werden." Die Tinte ist aber noch nicht ganz trocken, bestellt er mündlich: „Die Reparaturhauer aus der gleichen Strecke müssen vor die Kohle gelegt werden." Der letzte Befehl wird ausgeführt (natürlich durch den Steiger d. V.) der erste deckt den Betriebsführer gegenüber der Bergbehörde." (G. Werner, Wie die Wetter schlagen, S. 10.) Es sei bemerkt, daß natürlich auch der Betriebsführer im Sinne der Prämiensysteme tätig sein muß.

Ein Arbeiter wurde von einem Steiger in den „alten Mann" (hierunter versteht man eine nicht mehr benutzte Strecke in der Grube) geschickt, um Holz zu rauben; er lehnte es ab, weil er im Bergbau erfahren war, ein Unerfahrener dagegen führte diesen Befehl aus und wurde dabei getötet. (Vgl. 40. Sitz. des Reichstages 1906.)

und erst durch die Prämie zu einem Lohn wird, der seinen Anstrengungen entsprechen mag. Die Prämie aber ist nicht etwas Absolutes, sondern Relatives. Wir meinen damit nicht die Schwankungen, welcher sie jeweils durch die Förderleistung oder Selbstkosten unterliegt, nein, sondern die Tatsache, daß sie nicht ohne weiteres zum Lohn gehört, vielmehr, wie ja auch aus dem angeführten Dienstvertrag hervorgeht, ins Belieben des Bergbesitzers gestellt ist. Da die Förderleistung der Steiger nun meistens so hoch bemessen wird, daß sie selten oder nie zu erreichen ist, so folgt doch eigentlich, daß die Steiger auch selten oder nie eine Prämie erhielten. Das ist aber tatsächlich nicht der Fall und darin liegt der Beweis, daß die Bergbesitzer diese Prämie auch als etwas Verdientes[28] und nicht als ein Geschenk ansehen; denn vertraglich sind sie keineswegs verpflichtet, die Prämie zu zahlen (obgleich die Vermutung naheliegt, daß jedes Gericht aus einem solchen Vertrag diese Verpflichtung ableiten würde, da es sich doch tatsächlich um vorenthaltenen Lohn handelt), weil sie jederzeit entzogen werden kann und ihre Entziehung durch die Tatsache gestützt werden könnte, daß die Förderleistung nicht erreicht sei. Aber gerade diese Ungewißheit der Steiger, ob sie die Prämie, die sie tatsächlich verdient haben, weil man sie dem Lohn vorenthielt, erhalten oder nicht, erklärt so manches Übel im Bergbau, und gerade darin liegt die Gefahr für alle im Bergbau beschäftigten Menschen.

---

[28] „Die Steiger und auch die anderen der Bergbehörde verantwortlichen Angestellten erhalten neben dem Gehalt eine sogenannte Prämie. Nun wird der Laie sagen, das sei sehr schön, wenn das Einkommen auf diese Weise erhöht wird. Aber in Wirklichkeit liegt die Sache so, daß das Gehalt um die Höhe der Prämie niedriger ist, als es normaler Weise der Fall sein würde.

Nun sind den Steigern sehr große Werte anvertraut. Die Summe der Arbeiterlöhne, sowie der im Revier verbrauchten Materialien beträgt jeden Monat durchschnittlich in einer Steiger-Abteilung 30000 bis 40000 Mark. Würde nun der Verdienst der Beamten bloß aus dem Gehalt bestehen, hätte er nicht mehr als die Arbeiter.

Das Gehalt hat ungefähr die Höhe des Verdienstes der Hauer, 135 bis 200 Mark.

Bei dieser Bezahlung würde mancher Steiger der Versuchung nicht widerstehen können und auf unlautere Weise sein Einkommen erhöhen. Gelegenheit zu diesem Tun liegt genug vor. Die Prämien sind daher keine besonderen Zuwendungen, die der Arbeitgeber aus Wohlwollen den Beamten zahlt, sondern sie sind ein Teil des Einkommens, welches der Arbeitgeber im eigensten Interesse zahlen muß." (Vgl. G. Werner, Wie die Wetter schlagen S. 5.)

Denn durch die Unsicherheit der Prämien ist eine Handhabe gegeben, die auch verhältnismäßig reichlich angewandt wird[29], den Steiger gefügig zu machen und ihm jenachdem die Prämie ganz oder bis zu einem gewissen Grade „strafweise" zu entziehen. Dieses „Strafmittel" der Prämienentziehung ist, für Familienväter besonders, wie es die Beamten in der Regel sind, eine empfindliche Maßnahme und erklärt es, wenn es auch dadurch nicht entschuldigt wird, daß die Steiger Betriebsanweisungen befolgen, die gesetzwidrig sind. Aber neben diesem „Strafmittel" kommen noch sonstige zur Anwendung: vor allem der „Brückendienst" (der Steiger muß hier, meistens wenn er seinen „Soll" nicht erreicht hat, auf der Brücke stehen und die Förderung beaufsichtigen) und sonstige Strafschichten. Die Wirkung dieser „Strafschichten" ist nun verschiedener Art, wie wir gleich sehen werden.

Der Dienst des Steigers ist außerordentlich anstrengend, und wenn es je angebracht war eine Verkürzung der Arbeitszeit irgendwo zu verlangen, so dürfte es zweifellos für die Arbeitszeit der Steiger berechtigt sein. Denn sein Arbeitstag setzt sich in der Regel so zusammen: „Acht Stunden Dienst unter Tage, $1^1/_2$—2 Stunden Schalterdienst (Ausfertigung von Krankenscheinen, Lieferungsscheinen aller Art usw.), 1 Stunde Konferenz, 1 Stunde durchschnittlich pro Tag für häusliche Arbeiten, 20 Stunden im Monat[30]." Das ergibt schon allein eine tägliche Arbeitszeit von $11^1/_2$—12 Stunden; wird aber berücksichtigt, daß der Steiger zuerst in der Grube sein muß und zuletzt ausfährt, so kommt zu dieser Zeit noch $^1/_2$—1 Stunde pro Tag, so daß er eine reguläre Arbeitszeit von 12—13 Stunden täglich haben dürfte. Nun kommen aber die „freiwilligen" und unfreiwilligen Über- und Nebenschichten hinzu, die auf vielen großen und kleinen Zechen zur Regel geworden sind[31], über die aber leider keine Statistik existiert.

---

[29] Dieses „Strafmittel" der Prämienentziehung ist so allgemein gebräuchlich, daß es sich erübrigt hierfür Beispiele anzuführen; immerhin sei bemerkt, wie uns mitgeteilt wurde, daß auf der Zeche X von 13 Reviersteigern teilweise 4 die Prämie entzogen wurde.

Gelegentlich eines Prozesses, den ein Steiger gegen die Zeche Glückauf-Segen angestrengt hatte, erfuhr man, daß ihm, wenn er auf die ihm vertraglich in Aussicht gestellten Bezüge aufmerksam gemacht habe, geantwortet wurde, daß er mehr fördern müsse.) Vgl. Berg. Arb. Ztg. Nr. 40. 1910.)

[30] Vgl. den technischen Grubenbeamten, vom 22. 5. 12, S. 122.

[31] a. Von der Zeche Osterfeld wird berichtet, daß eine Anzahl Steiger im Jahre 1912 bis zum Juli des Jahres ihre 50. Überschicht verfahren hätten, also durchschnittlich monatlich rund 7. Das ist von den Steigern der Zeche bestritten, aber von der anderer Seite, (Werner, der selbst von Seiten der

Diese Über- und Nebenschichten decken sich meistens mit den „Strafschichten", obgleich auch viele Steiger um dieser Maßregel aus dem Weg zu gehen, schon von selbst Über- und Nebenschichten verfahren, um ihren „Fördersoll" zu leisten; denn diese Strafschichten werden in der Regel wegen nicht befriedigender Leistung auferlegt (vgl. die Anmerkung c dieser Seite und die Seite 100). Es kommt allerdings auch vor, daß Steiger aus besonderen Anlässen (bei drohender Gefahr) freiwillig und gern sich zu Über- und Nebenschichten verstehen, oder daß es wirklich im Interesse des Betriebes notwendig ist; aber ihre reguläre tägliche Arbeitszeit dürfte ihre Kräfte so in Anspruch nehmen, daß diese Fälle sich nur auf ganz besondere Umstände beschränken.

Wenn wir vorher sagten, welche Wirkung die Strafschichten haben, so mögen die Verhältnisse der Zeche Osterfeld, wo sich bekanntlich am 3. Juli 1912 eine Explosion schlagender Wetter ereignete, die 22 Opfer forderte, zeigen, wie die Kohlenproduktion, Strafschichten und Unfälle in einem unleugbaren Zusammenhang stehen[32].

Die Kontrolle über die Förderung erstreckte sich auf der Zeche Osterfeld, „nicht nur auf die ganze in der Schicht geförderte Summe, sondern die ersten drei oder auch vier Stunden werden einzeln unter die Lupe genommen"; hierzu werden Berichtzettel gebraucht wie z. B. der vom 22. Juni, der folgendermaßen aussieht:

(Siehe nächste Seite.)

Wir sehen also welch außerordentlich scharfe Kontrolle über die Förderung stattfindet; es rechtfertigt auch unsere früher mitgeteilte

---

Bergbesitzer als sehr gut unterrichtet, betrachtet wird) daraufhin energisch aufrechterhalten worden unter guter Begründung.

b. Von einer Zeche bei Oberhausen berichtet der technische Grubenbeamte vom 22. 11. 12, daß ein erst 30jähriger Steiger durch viele Überschichten (15—20 im Monat) seine Gesundheit so ruiniert habe, daß er einen Blutsturz erlitt.

c. In dem Kommissionsbericht des Abgeordnetenhauses, Drucksache 540 A, S. 87, Jahrgang 1908—1909, führt ein Mitglied an, daß die Strafschichten wegen nicht geförderten „Solls" außerordentlich häufig seien und die Arbeitszeit der Steiger in ungebührlicher Weise verlängere.

d. Uns wurde von der Mutter eines jungen, anerkannt tüchtigen Steigers, gesagt, daß er jede Woche doppelt machen müsse; das wurde uns auch von einer anderen unparteiischen Person bestätigt und hinzugefügt, daß das allein auf persönlicher Schikane des Betriebsführers beruhe.

[32] Vgl. den Fall Johnen von Zeche Bruchstraße S. 44.

Morgenschicht.

Revier	erste Stunde	zweite Stunde	dritte Stunde
1	25	45	91
2	8	48	79
3	32	47	87
4	20	32	50 R[2]
5	16	41	80 [4]
6	—	—	[3] [9] R[2]
7	—	16	44 R[2]
8	8	21	52
9	—	15	58
10	19	36	68
11	35	38	60 R[2]
12	12	29	62
13	21	84	135
14	14	36	44 R[2]
15	6	38	80
16	14	73	93
17	24	45	49 R[2]
18	—	58	62 R[2]
Summa:	254	682	1203

[1] Der einfache Strich (blau) bedeutet: es muß besser werden.

[2] R bedeutet: über die Ursachen der nicht genügenden Förderung muß rapportiert werden.

[3] Die Umklammerung bedeutet: persönlich beim Betriebsführer melden.

[4] Eine mit Rotstift aufgesetzte Fahne, die dem Steiger sagt, daß er irgend welche bösen Folgen zu erwarten hat.

Ansicht, daß alle Maßnahmen, aus dem Interesse nach einer hohen Produktion hervorgehen.

Wie die „freiwilligen“ und unfreiwilligen Über- und Nebenschichten, also Strafschichten, zustande kommen, erklärt der folgende Anschlag des Betriebsführers der Zeche Osterfeld:

„Diejenigen Reviersteiger, welche morgen früh keine 30 bis 40 Wagen voll stehen haben, fahren morgen abend wieder an, resp. bleiben unten.

Z. O., den 22. Februar 1912.

gez. Hagemann.

Kohlennummer 174 und 217 sieht unrein. Die betreffenden Beamten sind um $4^1/_2$ Uhr am Leseband[33]."

Es versteht sich von selbst, daß, wenn die Steiger sehen, ihre geförderte Kohlenmenge blieb hinter ihrem „Soll" zurück, sie es „freiwillig" vorziehen, gleich unten in der Grube zu bleiben, weil sie ja doch sonst wieder anfahren müssen.

Das Unglück auf Osterfeld ereignete sich am 3. Juli 1912. Der in Frage kommende Steiger, in dessen Revier das Unglück sich zutrug, hat in den Tagen vorher folgenden Dienst gehabt:

„Sonntag, den 30. Juni: 8 Stunden am Schichtenzettel gearbeitet. Montag, den 1. Juli: Dienst in der Grube inklusive Weg zur Zeche von $5^1/_2$ Uhr morgens bis 2 Uhr mittags; bis $3^1/_2$ Uhr am Schalter Leute abgefertigt. Nach dem Mittagessen von 5—9 Uhr geschlafen, von $9^1/_2$—$1^1/_2$ Uhr nachts am Journal gearbeitet. Bis $^1/_4$ vor 5 Uhr, also $3^1/_2$ Stunden geschlafen, dann 8 Stunden Dienst in der Grube und am Schalter bis 3 Uhr mittags.

Von 3—4 Uhr Konferenz wegen schlechter Förderung. 8 Reviersteiger, darunter Steiger Sch.... (der für das Unglücksrevier in Frage kam), mußten zur Strafe abends wieder einfahren.

Sch.... ging nach eingenommenem Essen und Erledigung der notwendigsten schriftlichen Arbeiten um 6 Uhr zu Bett und stand nach 3 Stunden wieder auf. Um 10 Uhr abends fuhr er in die Erde, wo ihn am anderen Tage mittags 1 Uhr der Unfall ereilte. Er war also vom Montag morgens $^1/_2$5 Uhr an bis zum Unglück 41 Stunden dienstlich beschäftigt, $5^1/_2$ Stunden entfielen auf Essen und Ankleiden und $10^1/_4$ Stunden auf Schlaf[34]." (Techn. Grub. Nr. 14, 1912.)

---

[33] Vgl. Techn. Grubenbeamte Nr. 14, 1912.

[34] Diese Angaben sind allerdings von dem bei der Explosion selbst schwer verletzten Steiger Sch.... zu einer Zeit berichtigt worden (unterm 31. 7. 1912), wo er noch sehr leidend von diesem Unglück her, im Krankenhause lag. Er bestreitet darin alle Angaben, gibt aber an, in den Nächten vor dem Unglück mit Ausnahme von Dienstag auf Mittwoch Nacht, 7—8 Stunden geschlafen zu haben; ebenso habe er am Dienstagnachmittag 4 Stunden geschlafen. Demnach kämen für ihn von Montag morgens $4^1/_2$ Uhr bis zum Unglück am Mittwoch mittag um 2 Uhr höchstens 12 Stunden Schlaf in Frage; es liegt also gegen die obige Angabe nur eine Differenz von $^3/_4$ bis höchstens $1^3/_4$ Stunde vor. Wenn Schäfer die oben mitgeteilten Tatsachen daher summarisch als unwahr bezeichnet, wie er es in seiner Berichtigung tut, so wird man ihr nicht zuviel Wert beilegen können, wobei auch noch hervorzuheben ist, daß er sie angeblich aus eigener Initiative zu einer Zeit schrieb, wo ein Mensch an alles andere denkt, als Berichtigungen zu verfassen; denn er hat im Krankenhause lange zwischen Leben und Tod gekämpft.

Ob ein Mensch, der so wenig Schlaf gehabt hat und so viele Stunden (unmittelbar vor dem Unglück von Dienstag abends 10 Uhr bis Mittwoch mittags 1 Uhr), noch imstande wäre, selbst beim allerbesten Willen, seine Pflicht völlig zu tun, ist jeweilig eine Tatfrage; es scheint uns jedoch die Grenzen des Möglichen im allgemeinen erheblich zu überschreiten. Und man könnte daher dem Tech. Grub.-B. vom 22. Juni 1912 nicht unrecht geben, wenn er schreibt: „bei solchem Dienst ist es doch gar nicht möglich, an alles zu denken, wieviel weniger noch einen Aufbruch[35] zu erklettern."

Da sich das Unglück auf Osterfeld aber in einem Aufbruch ereignete, wo verbotswidrig Dynamit, statt Sicherheitssprengstoff verwendet wurde, so hätte sich die Katastrophe unzweifelhaft vermeiden lassen, wenn durch die Kontrolle, die allgemein dem verunglückten Steiger Sch. oblag, der Aufbruch vorher auf Grubengas abgeleuchtet worden wäre[36]. Es steht daher dieser Unfall im ursächlichen Zusammenhang mit der Durchführung der Grubenkontrolle; formell war hierfür der verunglückte Steiger verantwortlich, aber materiell wird ihm ein gerechtes Urteil wohl keine zu große Verantwortung beimessen, infolge des langen Dienstes unmittelbar vor dem Unglück.

Wenn der Handelsminister sagte[37], im Grunde liege doch im Strafdienst etwas Richtiges, denn wenn das verabredete Förderquantum nicht erreicht werde, so sei das manchmal auf die Bummelei der Steiger zurückzuführen, so muß man sagen, daß dieses Urteil an sich richtig ist, nur daß es auf falschen Prämissen beruht. Denn wir haben früher gehört (Seite 93), daß der Fördersoll in der Regel diktatorisch festgesetzt wird, folglich also von einer Verabredung des Förderquantums schlechterdings nicht gesprochen werden kann. Das ist ja das Besondere, daß den Steigern ihre Leistung diktiert wird. Wenn nun eine solche diktierte Leistung nicht eingehalten wird, so ist es nicht angängig, von einer Bummelei zu sprechen; denn es müßte erst objektiv feststehen, ob die diktierte Leistung auch normalerweise erreicht werden kann.

Die vielen Bestrafungen (auf Zeche Osterfeld waren es allein acht

---

[35] Das Aufbrucherklettern gilt allgemein als sehr schwierig, weil der Platz in ihm sehr eng ist und derjenige, der ihn erklettern will, auf den Leitern (Fahrten) nicht die Knie durchdrücken kann, sondern oft Klimmzüge machen muß; daß der Steiger Sch. hierzu nach dem vorausgegangenen Dienste nicht mehr fähig war, durfte wohl anzunehmen sein.

[36] Das hat er nach eigener Angabe nicht getan.

[37] In der Kommission betr. die Beratung der Berggesetznovelle von 1909, Drucksache des Abgeordnetenhauses Nr. 540 A, Seite 88, 1908/09.

Reviersteiger, vgl. Seite 101) wegen nicht erreichter Förderung sprechen doch nur für die Unmöglichkeit des Verlangten; denn, da das Angebot von Steigern im Ruhrrevier sehr groß ist (1910 wurden weit über 1500 Schüler von der Aufnahme in die Bergschule zurückgewiesen wegen Überfüllung), jedenfalls die Nachfrage bei weitem überschreitet, könnten sich solche untüchtigen bummeligen Leute sicher nicht halten.

Was will denn eigentlich eine Strafe? Sie will doch eine Sühne sein, für irgendeine Handlung oder Unterlassung, die ein vertretbares Verschulden darstellen. Bei der Nichterreichung eines diktatorisch festgesetzten Fördersolls, kann man von einem vertretbaren Verschulden gewiß nicht reden, und es fehlt damit auch jede Voraussetzung einer Strafmöglichkeit. Bestraft man dennoch, so entbehrt das jeder moralischen und rechtlichen Grundlage; es geschieht also eine Ungerechtigkeit. Es ist daher nicht verwunderlich, daß die Steiger in diesem Strafdienst auch eine Ungerechtigkeit erblicken, und daß als Folge, wenn er über sie verhängt wird, Haß und Bitterkeit bei ihnen einzieht, wovon man sich in vertraulich geführten Gesprächen deutlich überzeugen kann. Wenn daher, gelegentlich des Prozesses, den die Steiger von Osterfeld gegen den Vorsitzenden des Steigerverbandes wegen Beleidigung angestrengt hatten, die Steiger von Osterfeld unter Eid den Strafdienst als lehrreich und interessant bezeichneten, den sie gerne verrichtet hätten, und der keine Strafe sei, so ist eine solche Aussage nur von ihrer materiellen Abhängigkeit aus zu verstehen. Denn, daß eine solche Aussage die tatsächlichen Verhältnisse wirklich auf den Kopf stellt, wird am besten dadurch bewiesen, daß sich die Zeugen bereits im Verhandlungstermin von dem Verteidiger sagen lassen mußten: „Sie haben wissentlich unter Eid die Unwahrheit gesagt.“

Aber die juristischen Momente kümmern uns weniger, wir haben vielmehr auf die sozialpolitischen, hier sicherheitstechnischen Momente zu blicken. Da haben wir früher erfahren, wie auf Osterfeld vor dem Unglück der Steiger durch langen Dienst abgespannt sein mußte und die Präsumtion dafür spricht, daß darin die Ursache des Unglücks zu suchen ist. Wir haben den Fall erfahren, daß ein Steiger infolge der vielen Überschichten schon nach wenigen Monaten einen Blutsturz erlitt; wir haben ferner den Fall eines anderen Steigers kennen gelernt, der nach reichlichem Dienst im Aufbruch erschlagen wurde. Wir müssen also aus diesen Beispielen die Gefahren sowohl für den Steiger selbst, als für die gesamte Belegschaft erkennen, welche zum mindesten durch den Strafdienst gefördert werden: daher muß verlangt werden, mögen dem privatkapitalistische Interessen entgegenstehen oder nicht, daß der Strafdienst verschwindet! Für dieses Verlangen spricht auch die Ansicht des Abgeordneten Gothein, der früher selbst Revierbeamter war, welche er gelegentlich[38] im Reichstag hierüber mitteilte:

„. . . . ich halte es für im höchsten Grade unwürdig und sanitär gefährlich, wenn die Steiger, wenn sie das Fördersoll nicht geliefert haben und nicht liefern konnten, in die Grube zurückgeschickt werden und Strafschichten verfahren müssen . . .“

Aber nicht nur die absolut jeder Grundlage entbehrenden Strafschichten — und selbst wenn sie berechtigt wären — müssen verschwinden, sofern eine Verbesserung der Grubensicherheit ernstlich ins Auge gefaßt wird, schon mit Rücksicht auf die an sich lange Arbeitszeit der Steiger (12—13 Stunden täglich), sondern deren Verkürzung selbst muß im Interesse der Grubensicherheit ebenso dringend verlangt werden. Und anderseits muß die Beseitigung der Prämiensysteme zugunsten einer vom Förderquantum unabhängigen Bezahlung als notwendig bezeichnet werden. Wir vermögen daher der Forderung des Steigerverbandes[39] nur zuzustimmen, die er anläßlich der Grubenunglücke auf Osterfeld und Lothringen in einer Eingabe an das Preußische Abgeordnetenhaus unter anderem wie folgt zusammengefaßt hat:

„2. Die Bezahlung der verantwortlichen Beamten darf nur in verfassungsmäßig zugesicherten Bezügen erfolgen.

3. Die normale Dienstzeit darf für unter Tage beschäftigte Fahrsteiger, Steiger und Fahrhauer höchstens 9 Stunden pro Tag betragen. In der Dienstzeit müssen sämtliche schriftliche Arbeiten, das Umkleiden und Reinigen vom Grubenschmutz einbegriffen sein . . .“

Diese Forderungen, welche sich also nach unseren Darlegungen nach den objektiven Verhältnissen im Ruhrrevier in jeder Weise als

---

[38] Vgl. Sitzung des Reichstags vom 25. 11. 1908.

[39] Wenn wir zurückdenken an die Prämiensysteme, die verschiedenen „Strafmittel“ für die Steiger, an ihre lange Arbeitszeit, an die Tatsache, daß sie gesetzwidrige Befehle durchführten und durchführen und last not least an die eidlichen Aussagen der Steiger von Radbod und Osterfeld, dann ist es eine dringende sozialpolitische Pflicht, die Notwendigkeit einer Standesorganisation der Steiger zu betonen; wir vermögen daher die junge, oft hart und unwürdig behandelte (durch Behörden und Bergbesitzer) Organisation den „Deutschen Steigerverband“ nur zu empfehlen, weil durch ihn am ehesten eine Änderung der obigen Zustände zu erwarten und dadurch eine günstige Wirkung auf die Unfälle angenommen werden muß.

gerechtfertigt erweisen, kann man daher nur zustimmen; ja man muß sie sogar als Mindestmaß aufstellen, wenn man eine Verbesserung der Grubensicherheit will. Drängt sich da nicht unwillkürlich die Frage auf, polizeiliche Anordnung und Durchführung von Sicherheitsmaßnahmen wieder in Staatshände zu legen? Die Steiger wieder zu Staatsbeamten zu machen?

Die Frage nach einer geeigneten, besser wirksamen Grubenkontrolle ist diejenige, welche die gesamte öffentliche Meinung und ganz besonders die unmittelbar am meisten dabei Interessierten: die Arbeiter, am lebhaftesten beschäftigt. Wir wissen, daß der Steiger die Ausführung und Überwachung der Produktion mit allen seinen sicherheitspolizeilichen Vorschriften vorzunehmen hat, wir wissen auch wie er durch seinen Arbeitsvertrag (Prämiensysteme und Strafschichten) darin beeinträchtigt wird und werden muß, seinen Dienst objektiv zu versehen; würde man daher dazu übergehen, ihm die Wahrnehmung seiner dienstlichen Pflicht gesetzmäßig zu garantieren, ohne materiellen Nachteil für ihn, so läge darin zweifellos die Lösung des Problems einer wirksamen Grubenkontrolle. Es würden damit jene Kämpfe um die Sicherheitsmänner fortfallen, da sie, ihrer tatsächlichen Berechtigung entbehrend, von selbst aufhören müßten.

Stelle man sich, wie man wolle, die Ereignisse — die sich rasch folgenden Grubenunglücke mit vielen Opfern, 1912 allein: Osterfeld mit 22, Lothringen mit 133 und Minister Achenbach mit 57 Opfern — drängen auf eine Lösung des Problems der Grubenkontrolle, möge man sie nun in die Hände der Steiger legen oder in die der Sicherheitsmänner oder sonst irgendeine Beamtenkategorie damit betrauen. Mit dem lapidaren Hinweis[40] jedoch, „wir haben eine technisch gut ausgebildete und gut qualifizierte Bergpolizei" läßt sich dieses Problem nicht länger hinhalten, geschweige denn lösen.

C. Die Organe der Grubenkontrolle aus den Kreisen der Arbeiter.

I. Die Wettermänner und die Ortsältesten.

1. Die Wettermänner.
2. Die Ortsältesten.

1. Die Wettermänner.

Die Wettermänner oder Feuermänner sind im westfälischen Bergbau eine alte Einrichtung. So bestimmte z. B. schon die Bergpolizei-

---

[40] Vgl. Drucksache Nr. 136 I des Hauses der Abgeordneten, Jahrgang 1908—09.

verordnung vom 9. März 1863, daß alle Grubenteile, in denen das Auftreten schlagender Wetter zu besorgen ist, vor dem Anfahren der Mannschaft durch besonders damit beauftragte und in der Arbeitsliste als solche bezeichnete zuverlässige Personen mit der Sicherheitslampe untersucht werden. Diese Personen nannte man die Wetter- oder Feuermänner, und ihre Aufgabe liegt also darin, die Gruben auf Schlagwetter zu kontrollieren.

Die heute geltende B.P.V. vom 1. Januar 1911 bestimmt im § 149 hinsichtlich der Wettermänner: „Nicht länger als 3 Stunden vor Anfahrt der Belegschaft sind durch besonders hierzu angestellte Wettermänner alle Betriebspunkte, sofern sie in der unmittelbar vorhergehenden Schicht nicht belegt waren, sowie die Zugänge zu solchen Betriebspunkten des Grubengebäudes auf das Vorhandensein schädlicher Gase mit der Sicherheitslampe zu untersuchen. Die Wettermänner haben das Ergebnis der Untersuchung auf Wettertafeln, die an geeigneten Stellen sowohl in den Zwangsstrecken als auch in der Nähe der Betriebspunkte anzubringen sind, zu vermerken, sowie in ein besonderes Buch einzutragen und dem Abteilungssteiger über Tage vor Einfahrt der Belegschaft zu melden (Abs. 1).

Der Betriebsführer oder die von ihm damit beauftragte Person ist dafür verantwortlich, daß im Falle des Ausbleibens eines Wettermannes ein Ersatz rechtzeitig gestellt wird (Abs. 2).

Der Betriebsführer hat die Wettermänner mit einer schriftlichen Dienstanweisung zu versehen. Ihre Namen und die ihnen erteilten Dienstanweisungen sind in das Wetterbuch einzutragen (Abs. 3).

Der Betriebsführer ist dafür verantwortlich, daß die von den Wettermännern zu befahrenden Bezirke nicht zu groß sind, um in der im Absatz 1 vorgeschriebenen Zeit untersucht werden zu können (Abs. 4).

Die gleiche Untersuchung wie die Wettermänner haben die Ortsältesten vor ihren Arbeitspunkten sowohl vor Beginn der Arbeit als auch nach Arbeitsunterbrechungen vor Wiederaufnahme der Arbeit vorzunehmen (Abs. 5)."

Das Wesentliche ist hierbei, daß die Bezirke der Wettermänner nicht zu groß genommen werden.

Der § 151 bestimmt dann noch, daß die Wettermänner die Stellen, an denen sie die Ansammlung schädlicher Gase beobachteten, in sämtlichen Zugängen durch Lattenkreuze augenfällig zu kennzeichnen haben.

Bekanntlich ereignen sich die meisten Explosionen beim Schichtwechsel. So entfielen z. B. in der Zeit 1892—1900 von 1037 Explosionen, die sich überhaupt beim preußischen Bergbau ereigneten, 825 allein auf den Beginn und das Ende der Schicht. Da die Wettermänner nur die nicht unmittelbar vorher belegten Betriebspunkte zu untersuchen haben, ist es naheliegend, darauf hinzuweisen, ob es nicht gut wäre, wenn sie gerade die vorher belegten Betriebspunkte, und zwar ganz kurz vor Beendigung der Schicht beführen? Kurzum: daß sie alle Betriebspunkte, ob belegt oder nicht belegt, welche als gefährlich gelten, sowohl vor Anfang als vor dem Ende einer jeder Schicht befahren. Es wird daher, wie schon gesagt, besonders darauf ankommen, daß der Arbeitsbezirk der Wettermänner nicht zu groß ist, um gehörig kontrolliert zu werden.

Die Einrichtung der Wettermänner ist nicht zu unterschätzen, und sie haben gewiß zur Bekämpfung der Schlagwettergefahr beigetragen, obwohl sich das im einzelnen nicht nachweisen läßt. Sie fallen eben in den allgemeinen Rahmen der Grubenkontrolle. Das Schwergewicht ist darauf zu legen, daß sie die Kontrolle gut durchführen können; nicht wie es zum Beispiel gelegentlich einer Gerichtsverhandlung der Zeche Pr. Cluß zur Sprache kam, daß ein Schießmeister zugleich sowohl Wetterkontrolleur, als auch Fahrhauer und Reparaturhauer war.

2. Die Ortsältesten.

Der Ortsälteste ist ein durch den Abteilungssteiger zu bestimmender, zur selbständigen Ausführung von Hauerarbeit befähigter Arbeiter. Er muß für jede Kameradschaft vorhanden sein; arbeitet sie in mehreren Schichten, so ist für jede Schicht ein Ortsältester zu bestimmen. Die Obliegenheiten eines Ortsältesten dürfen in derselben Schicht nur von derselben Person wahrgenommen werden (§ 341, 1). Nach Absatz 2 dieses Paragraphen hat im Falle des Ausbleibens eines Ortsältesten der Abteilungssteiger für eine Stellvertretung zu sorgen.

Die Heranziehung des Ortsältesten zur Grubenkontrolle hat schon früh stattgefunden. Zum Beispiel bestimmte die B.P.V. für das Bergwerk Neu-Iserlohn vom 28. November 1870, daß die Untersuchung der Betriebspunkte durch die Arbeiter selbst in der Weise erfolge, daß ein vom Abteilungssteiger beauftragter Hauer mit der Sicherheitslampe bis vor Ort vorgehe, während seine Kameradschaft zurückbleibe; finde er nichts Bedenkliches, dann solle er sie nachkommen lassen; entdecke er aber außerordentliche Ansammlungen schlagender Wetter, so habe er die Zugänge durch Lattenkreuze abzuschließen und dem Abteilungssteiger davon Anzeige zu machen.

Die heute geltende B.P.V. bestimmt im § 149, 5, den wir schon anführten, daß die gleiche Untersuchung, wie sie die Wettermänner vorzunehmen haben, auch von den Ortsältesten vor ihren Arbeitsorten, sowohl vor Beginn der Arbeit als auch nach Unterbrechungen der Arbeit vor Wiederaufnahme derselben vorzunehmen sei.

Auch hier fehlt die Bestimmung, die dem Ortsältesten die Pflicht auferlegt, unmittelbar vor Schluß der Schicht ihren Arbeitspunkt auf Schlagwetter zu untersuchen. Neben der Untersuchung auf Schlagwetter hat der Ortsälteste vor Beginn der Arbeit das Gebirge und den Ausbau zu prüfen; diese Prüfung ist nach Arbeitspausen und nach Abgabe von Sprengschüssen zu wiederholen. Finden sich Mängel, so sind sie vor Aufnahme der Arbeit zu beseitigen (§ 31).

Weil der Ortsälteste Arbeiter ist und nach dem Gedingevertrag, den wir gleich kennen lernen, den Ausbau und die Kohlenproduktion im Akkord mit seinen Kameraden übernimmt, so liegt hierin für ihn die Ursache, daß er kein geeignetes Organ zur Grubenkontrolle ist.

Im Ruhrbergbau sind sowohl Schichtlöhne wie Gedingelöhne (Akkord) üblich; im ersteren Falle wird der Lohn für eine bestimmte Arbeitszeit, im letzten Falle für ein bestimmtes Arbeitspensum bezahlt. Der Gedingevertrag wird von dem Betriebsführer oder seinem Vertreter (meistens dem Steiger) mit dem „Ortsältesten" mündlich oder schriftlich vereinbart; jedoch ist der mündliche Vertragsabschluß am häufigsten. Der Ortsälteste tritt beim Gedingeabschluß als Vertreter derjenigen Arbeiter auf, die zu seiner Kameradschaft gehören. Das können bald 2, bald 4, 6—15 und mehr Personen sein.

Die Arbeiten, welche unmittelbar der Kohlengewinnung dienen und die Aufschließung der Lagerstätten erleichtern, werden im Gedinge vergeben; darunter fallen also der Abbau und in der Regel die Arbeiten der Aus- und Vorrichtung. Die Arbeiter, welche diese Arbeiten verrichten, sind die Kohlenhauer (beim Abbau), und die ihnen zur Anlernung und Hilfe beigegebenen Lehrhauer und Gedingeschlepper und anderseits die Gesteinshauer (bei der Aus- und Vorrichtung).

Unter der Geltung der alten Bergordnungen bis zu dem Gesetz vom 21. Mai 1860, wurde das Gedinge unter Mitwirkung von Staatsbeamten, welche kein Interesse daran haben durften, abgeschlossen; seit 1860 aber waltet im Ruhrbergbau der „freie" Arbeitsvertrag. Hiernach werden die Arbeiten (wir sprechen nur von der Kohlengewinnung) folgendermaßen im Gedinge vergeben: Der Arbeiter erhält pro Wagen geförderter (d. h. zu Tage gelangter) Kohlen, sagen wir 1 Mk. Hierneben läuft mitunter noch ein Metergeld, d. h. wenn der Kohlenstoß um einen Meter vorrückt, erhalten die Leute eine bestimmte Summe neben dem Geld für die geförderte Kohlenmenge. Für den sich so aus dem Metergeld und dem Betrag für die geförderte Kohlenmenge zusammensetzenden Lohn übernehmen die Leute nicht nur die Kohlenförderung und die Fortführung des Kohlenstoßes, sondern hierin sind gleichzeitig die Arbeiten eingeschlossen, welche das Legen von Schienen, der Bergeversatz, die Mitführung der Bewetterung und die Verzimmerung (Ausbau) der Arbeitsörter und der Strecken erfordert. (Denn wenn die Kohlen fortgenommen werden, stellen sich diese Arbeiten ein und müssen gemacht werden.)

Es liegt nun in der Natur der Sache, daß der Arbeiter zunächst ans Kohlenfördern denkt, weil davon sein Verdienst abhängt und erst in zweiter Linie — oft nur so nebenbei — ans Verbauen. Das hat Zola in seinem erschütternden, genialen Werk „Germinal" schon dargestellt.

Die Verquickung von Arbeiten zur Sicherung der Grubenbaue mit der Kohlengewinnung im Gedinge wird nun noch beeinflußt durch den sogenannten „Vertragsabschluß". Die Arbeiter haben meistens das Gefühl (wie wir durch mündliche Befragung feststellen konnten), daß der Vertragsabschluß nur eine Farce ist, und daß sie in Wirklichkeit den Lohn erhalten, der ihnen von der technischen Verwaltung zugedacht ist[41]. Diese Aussagen von Arbeitern werden auch bestätigt durch die Gutachten der Sachverständigen (beides ehemalige Steiger) im Radbodprozeß, Werner und Mantel. Werner sagte unter anderem in bezug auf den Gedingeabschluß: „im Grunde ist der Arbeiter immer noch rechtlos", und Mantel sagte unter anderem: „in den meisten Fällen wird nur dekretiert".

Diese Lohndekretierung der technischen Grubenverwaltung hängt nun zweifellos mit dem Selbstkostenprämiensystem zusammen; denn der Steiger hat für sein Revier ein Budget, für das die Löhne und die Holzkosten die entscheidenden Faktoren sind. Sieht er, daß die eine oder die andere Kameradschaft „zu viel" verdient (weil er sich bei der Vergebung der Arbeiten in bezug auf das Gebirge, das häufig wechselt, oder durch sonstige Umstände getäuscht hat), dann hilft er sich oft so, daß er die Leute vor eine andere Arbeit legt, wo sie weniger

[41] Vgl. S. 132

verdienen. Oder aber, er hilft sich so, daß er den Leuten für schlechtgewordene Stempel und Hölzer nichts bezahlt (was unter regelmäßigen Verhältnissen zu geschehen pflegt), worunter die Sicherheit der Gruben natürlich nicht zunehmen kann.

In den Berichten der Bergbehörden heißt es, daß von Arbeiterausschußmitgliedern an Werksverwaltungen folgende Forderungen gestellt wurden: „Das Verbauen der Strecken und sonstige Nebenarbeiten sollten nicht mehr im Kohlengedinge, sondern im Interesse der Sicherheit der Arbeiter besonders verrechnet und bezahlt werden.“ Diese Forderung wurde von den Werksverwaltungen unter folgender Begründung abgelehnt: „Das Verbauen und Nachreißen der Strecken sei bereits bisher besonders bezahlt worden. Das Verbauen vor Ort und im Abbau könne aber bei dem natürlichen Zusammenhang zwischen Ausbau und Abbau nicht vom Kohlengedinge getrennt werden.“ (Bergrevier Ost-Essen 1911.)

Da in der Forderung der Arbeiter das Verbauen der Strecken als eine Nebenarbeit, wie aus dem Wortlaut und „sonstige Nebenarbeiten“ hervorgeht, bezeichnet wird, so weisen wir darauf hin, daß es auf vielen Zechen üblich ist, nicht nur den erstmaligen Ausbau im Kohlengedinge zu vergeben, sondern auch die nachher kommenden Reparaturen, also die Instandhaltung der Strecken.

Der Gedingevertrag sowohl in seiner regelmäßigen Form, der den erstmaligen Ausbau im Kohlengedinge vergibt, als aber besonders jener nichtregelmäßige, welcher sogar die Unterhaltung der Strecken im Kohlengedinge vergibt, muß als eine Gefahr für die Bergleute bezeichnet werden. Daran ändert auch das sicher fachmännische Urteil des früheren Revierbeamten und jetzigen Abgeordneten Gothein nichts, daß diese Arbeiten sich aus technischen Gründen nicht gut trennen ließen, wie es ja auch aus der ablehnenden Antwort der Werkverwaltungen, die wir oben mitteilten, hervorgeht.

Bringen wir aber gar diese, durch den Gedingevertrag gegebenen und vom Selbstkostenprämiensystem geförderten, gefährlichen Verhältnisse mit der sonstigen Praxis im Ruhrrevier, dem Fördersollprämiensystem in Verbindung, dann muß dieser Zustand als unhaltbar bezeichnet werden vom Standpunkt der Grubensicherheit aus.

Vielleicht ist der Tarifvertrag, der seit mehreren Jahren (wohl einheitlich) von den Bergarbeitern verlangt wird, geeignet, diesen Gedingevertrag zu ersetzen? Unmittelbar im Anschluß an die Grubenunglücke auf Lothringen und Minister Achenbach bestätigt z. B. Der Bergknappe (Nr. 35 und 52, 1912) im allgemeinen einen ungünstigen

Einfluß des Gedinges auf die Gefahren des Bergbaues und wiederholte in diesem Zusammenhang das Verlangen nach Einführung von Tarifverträgen.

Wir sehen hiernach also, daß der Ortsälteste, um ein wirksames Kontrollorgan zu sein, seine eigenen und die Arbeiten seiner Kameraden stets einer Kontrolle unterziehen müßte. Und das ist psychologisch eine Unmöglichkeit, die durch die Tatsache bestätigt wird, daß die Unfälle, durch Stein- und Kohlenfall veranlaßt, an der Spitze aller Ursachen der tödlichen Unfälle stehen (vgl. S. 13).

II. Die Sicherheitsmänner.

1. Die rechtlichen Grundlagen der Arbeiterdelegierten im Ausland.
2. Die rechtlichen Grundlagen der Sicherheitsmänner in Preußen.
3. Die Regierung, die Bergbesitzer und die Arbeiter gegenüber dem Gesetz betreffend die Sicherheitsmänner.
   a) Der Standpunkt der Regierung.
   b) Der Standpunkt der Bergbesitzer.
   c) Der Standpunkt der Arbeiter.
4. Aus der Praxis der Sicherheitsmänner.

1. Die rechtlichen Grundlagen der Arbeiterdelegierten im Ausland.

Nach der Novelle vom 28. Juli 1909 zum preußischen allgemeinen Berggesetz von 1865, die die Sicherheitsmänner schuf, sind unter Sicherheitsmännern Kontrollorgane zu verstehen, die durch geheime direkte Wahl aus den Kreisen der Arbeiter und durch sie nach Steiger- oder Fahrabteilungen gewählt werden mit „der Befugnis, ihre Steigerabteilung zweimal im Monat zu befahren und sie in bezug auf die Sicherheit des Lebens und der Gesundheit der Arbeiter zu untersuchen“ und „an den Untersuchungen derjenigen in ihrer Steigerabteilung vorkommenden Unfälle teilzunehmen, welche nach § 204 Veranlassung zu einer Untersuchung durch den Revierbeamten geben.“

Die rechtliche Regelung der Sicherheitsmänner in Preußen lehnt sich an die Gesetzgebung im Auslande an. Denn die Kommission, welche der Minister Brefeld 1898 nach England, Frankreich und Belgien sandte, zum Studium der Beteiligung der Arbeiter an dem Unfallverhütungsdienst, erstattete im August des Jahres ihren Bericht, aus dem wir als wesentliches das folgende wiedergeben[42]:

---

[42] Vgl. Drucksache 136 II des Abgeordnetenhauses. Jahrgang 1908—09.

In England wurden die Arbeiterkontrolleure durch das Kohlenbergwerkgesetz vom 10. August 1872 eingeführt; die hierauf bezügliche Vorschrift ist dann nach einigen Ergänzungen in die Vorschrift 38 des heute geltenden Kohlenbergwerksgesetzes vom 18. September 1887 übergegangen. Sie lautet:

„Die in einem Bergwerke beschäftigten Personen können von Zeit zu Zeit zwei aus ihrer Mitte oder zwei nicht als Bergwerksingenieure tätige Personen, welche aktiv Bergleute sind, bestellen, um das Bergwerk auf ihre eigenen Kosten zu besichtigen, und den so bestellten Personen soll es gestattet sein, wenigstens einmal in jedem Monat und zwar, falls der Eigentümer, Repräsentant oder Betriebsführer dies für geeignet erachtet, von ihm selbst oder von einem oder mehreren Beamten des Bergwerks begleitet, jeden Teil des Bergwerks zu befahren und die Schächte, Strecken, flache Schächte, Betriebspunkte, Wetterausziehstrecken, Ventilationsvorrichtungen, alten Baue und die Triebwerke zu besichtigen. Zum Zwecke der Besichtigung soll von dem Eigentümer, Repräsentanten oder Betriebsführer und allen Personen in den Bergwerken jede Erleichterung gewährt werden; und die bestellten Personen sollen sodann einen wahrheitsgetreuen Bericht über das Ergebnis der Besichtigung erstatten, und dieser Bericht soll in ein zu diesem Zwecke auf dem Bergwerke aufzubewahrendes Buch eingetragen und von denjenigen Personen, welche die Besichtigung vorgenommen haben, unterzeichnet werden; und wenn der Bericht eine vorhandene Gefahr oder die Besorgnis einer solchen feststellt, so soll der Eigentümer, Repräsentant oder Betriebsführer eine getreue Abschrift des Berichtes an den Inspektor des Bezirkes einsenden.“

Es sind hier also von Arbeitern gewählte und von ihnen bezahlte Kontrolleure. Anders ist die Materie in Frankreich geregelt durch das Gesetz vom 8. Juli 1890, betreffend die Delegierten für die Sicherheit der Bergarbeiter, das durch Gesetz vom 9. Mai 1905 und 2. April 1906 abgeändert und ergänzt wurde. Der Artikel I Absatz 1 bestimmt, daß Delegierte bestellt werden sollen, welche die unterirdischen Bergwerke, Gräbereien und Steinbrüche zum ausschließlichen Zweck der Sicherheit des darin beschäftigten Personals und die Umstände zu prüfen haben, unter denen sich Unfälle ereignen. Ihre Wirksamkeit wird auf unterirdische Bezirke begrenzt (Abs. 2). Nach Artikel II ist der Delegierte verpflichtet, sämtliche Schächte, Strecken und Arbeitsorte seines Aufsichtsbezirkes zweimal monatlich zu befahren; er muß die zum Verkehr der Arbeiter dienenden Einrichtungen besichtigen. Außerdem muß er unverzüglich die Orte aufsuchen, wo ein tödlicher

Unfall oder sonst eine schwere Verletzung eines oder mehrerer Arbeiter stattgefunden hat oder die Gefahr für eine solche zu vermuten ist. Nach Artikel III muß der Betriebsunternehmer dem Delegierten sofort von jedem Unfall Nachricht geben. Der Delegierte hat unter anderem seine Wahrnehmung bei jeder Befahrung an dem nämlichen oder spätestens an dem folgenden Tage in ein besonderes Buch einzutragen, welches stets auf der Tagesanlage des Werkes zur Einsicht der Arbeiter bereitliegen muß. Er hat darin die Stunde des Anfanges und des Endes seiner Befahrung, sowie den gemachten Weg einzutragen. Der Betriebsunternehmer kann seine Bemerkungen und Ausführungen neben die des Delegierten setzen. Abschrift der einen oder der anderen Eintragung sind sofort von den betreffenden Verfassern dem Präfekten einzusenden, der sie dem Bergingenieur mitzuteilen hat. Bei ihren Befahrungen müssen die Bergingenieure und Bergkontrolleure (beide staatliche Aufsichtsorgane) das Buch eines jeden Aufsichtsbezirkes einsehen. In den Artikeln IV—XIV ist dann die Wahl geregelt; Wähler ist jeder Franzose in seinem Aufsichtsbezirk, sofern er sich im Besitz der politischen Rechte befindet. Die Wahl ist geheim und direkt; sie findet an einem Sonntage im Gemeindehause statt. Wähler ist, wer lesen und schreiben, nicht nach Artikel 414, 415 des Str.G.B. (die unseren §§ 152, 153 G.O. dem Geiste entsprechen) u. a. bestraft ist, mindestens 25 Jahre alt und mindestens 5 Jahre unter Tage und seit mindestens 2 Jahren in dem Aufsichtsbezirke oder in einem der angrenzenden, von demselben Unternehmen abhängigen Aufsichtsbezirke beschäftigt gewesen ist.

Der Präfekt setzt alljährlich im voraus die Höchstzahl der Befahrungen, die von den Delegierten für jeden Aufsichtsbezirk zu verwenden sind, fest, und bestimmt die Höhe des Tagelohnes für die Befahrung. Ordentliche und außerordentliche Befahrungen gehen zu Lasten des Bergwerkbesitzers. Im Erlaß zur Ausführung dieses Gesetzes ist dann noch bestimmt (Min. Erl. v. 19. September 1890), daß sich die Delegierten nur mit technischen Fragen auf ihren Befahrungen befassen dürfen; sie haben sich der Einmischung in jede Frage oder Forderung, die ihrem Amt fremd sind, zu enthalten.

Wir sehen also einen großen Unterschied gegen England: In Frankreich sind die Delegierten obligatorisch; sie werden von den Bergbesitzern bezahlt, im Gegensatz zu England. In Frankreich ist der Delegierte zur Befahrung verpflichtet, im Gegensatz zu England. Im englischen Gesetz ist keine Ortsbesichtigung bei einem Unfall vorgesehen, wohl aber im französischen.

Wiederum verschieden von England und Frankreich, ist die Regelung der Arbeiterkontrolleure in Belgien durch das Gesetz vom 11. Januar 1897 erfolgt. Es bestimmt, daß die Industrie- und Arbeitsräte, welche die Steinkohlenindustrie vertreten, dem Minister für Industrie und Arbeit Kandidaten vorzuschlagen haben, zur Anstellung als Delegierte für die Beaufsichtigung der unterirdischen Betriebe auf den Steinkohlenbergwerken (Art. 1). Die Anzahl, Größe und Begrenzung der Aufsichtsbezirke der Delegierten werden alle 3 Jahre durch den König festgesetzt (Art. 2). Für jede Stelle eines Delegierten sind wenigstens zwei Kandidaten vorzuschlagen. Gegebenenfalls hat die zuständige Abteilung des Industrie- und Arbeitsrates ebensoviel Kandidatenlisten vorzulegen, als es Aufsichtsbezirke innerhalb ihres Bereichs gibt. Erstreckt sich der Aufsichtsbezirk über den Zuständigkeitsbereich von mehr als einem Industrie- und Arbeitsrate, so sind die betreffenden Abteilungen zu einer gemeinschaftlichen Versammlung zu vereinigen, um die Kandidaten zu bezeichnen (Art. 3). Der Vorschlag jedes Kandidaten muß getrennt in geheimer Abstimmung erfolgen. Er ist nur gültig, wenn mindestens die Hälfte der Mitglieder der Abteilung oder der vereinigten Abteilungen an der Abstimmung teilnehmen und der Kandidat die absolute Mehrheit der Stimmen auf sich vereinigt (Art. 5). Der Artikel 6 bestimmt u. a., daß der Vorgeschlagene mindestens 30 Jahre alt und Belgier sein muß; er muß seit 10 Jahren als Arbeiter oder Aufseher in dem betreffenden oder angrenzenden Aufsichtsbezirk eine oder mehrere Arten von Bergarbeit unter Tage, welche eine Lehrzeit bedingen, wirklich verrichtet haben, mit Ausschluß jeder Tagelohn- oder Hilfsarbeit. Er muß lesen, schreiben und rechnen können. Die Delegierten werden für 3 Jahre ernannt (Art. 8). Die Delegierten haben die unterirdischen Betriebe in bezug auf die Gesundheit und Sicherheit der Arbeiter zu untersuchen; bei der Feststellung der Unglücksfälle und der Ermittelung ihrer Ursachen mitzuwirken; Zuwiderhandlungen gegen die den Betrieb betreffenden Gesetze und Verordnungen, deren Befolgung die Bergingenieure zu überwachen haben, anzuzeigen. Bei Ausführung dieses Auftrages haben die Delegierten sich nach den Anweisungen zu richten, welche ihnen die Bergingenieure erteilen (Art. 10). Der Delegierte muß die unterirdischen Betriebe seines Aufsichtsbezirkes mindestens 18 mal im Monat befahren. Nach der Ausfahrt hat er in ein besonderes Verzeichnis, welches von der Werkverwaltung zu beschaffen, und der Betriebsleitung, sowie den Arbeitern an der Betriebsstätte zur Verfügung zu stellen ist, folgendes einzutragen: 1. den

Tag der Befahrung, 2. die Stunde des Beginnes und der Beendigung der Befahrung, 3. den eingeschlagenen Weg, 4. die beobachteten wichtigen Gegenstände.

Der Betriebsdirektor kann seine Bemerkungen hierzu in demselben Verzeichnis niederlegen. Der Delegierte hat dem Bergingenieur ohne Verzug Abschrift derjenigen eingetragenen Bemerkungen zu übersenden, welche ihm von dem letzteren bezeichnet sind (Art. 11).

Der Minister kann in besonderem Falle (Krankheit oder grobe Pflichtverletzung) den Delegierten von seinem Amt entheben oder entlassen (Art. 13). Die Delegierten können für ihre Befahrungen einen Führer verlangen; sie dürfen eine Begleitung nicht ausschlagen. Sie können während ihrer Befahrung verlangen, daß sich ihr Begleiter auf einen Augenblick entfernt, um den Arbeitern Gelegenheit zu geben, sich frei mit ihm zu unterhalten.

Die Delegierten erhalten aus Staatsmitteln eine jährliche Entschädigung und Reisekosten (Art. 16).

In Belgien sind also die Delegierten Staatsbeamte, die vom Minister aus einer Zahl von mindestens zwei Kandidaten, welche ihm aus einer paritätischen Korporation von Arbeitgebern und Arbeitnehmern (Industrie und Arbeitsrat), vorgeschlagen werden, ernannt. Sie sind Hilfsorgane der staatlichen Ingenieure.

Damals, 1898, wurden auf Grund dieses Berichtes der Kommission in Preußen zunächst die Königlichen Einfahrer eingeführt; jedoch wurden auf Staatsgruben, wie in Saarbrücken (1902) und Gladbeck (1906) im Verwaltungswege Organe geschaffen, die den englischen Arbeiterdelegierten der Form nach ähnlich sind.

2. Die rechtlichen Grundlagen der Sicherheitsmänner in Preußen.

Die Novelle zum preußischen Berggesetz vom 28. Juli 1909 hat in dem Artikel 2, §§ 80 f bis 80 f s die rechtliche Stellung der Sicherheitsmänner geregelt und sie in einen gewissen Zusammenhang mit dem Arbeiterausschuß gebracht. Sie bestimmt u. a.: auf Steinkohlenbergwerken, unterirdisch betriebenen Braunkohlen- und Erzbergwerken, sowie auf Kalisalzbergwerken oder auf selbständigen Betriebsanlagen dieser Art müssen, wenn in der Regel dort mindestens 100 Arbeiter beschäftigt werden, Sicherheitsmänner und ein Arbeiterausschuß vorhanden sein (§ 80 f.).

Auf jede Steigerabteilung kommt ein Sicherheitsmann, abgesehen von den Fällen des § 80 f n (§ 80 f a).

Die Wahl der Sicherheitsmänner erfolgt nach Steigerabteilungen oder nach Fahrabteilungen (§ 80 f n); bei der Wahl nach Steigerabteilungen wählt jede Steigerabteilung einen Sicherheitsmann aus ihrer Mitte. Die Wahl ist unmittelbar und geheim (Abs. 1). Wahlberechtigt sind nur volljährige Arbeiter, welche seit Eröffnung des Betriebes oder mindestens 1 Jahr ununterbrochen auf dem Bergwerk gearbeitet haben. Die Sicherheitsmänner müssen mindestens 30 Jahre alt sein und seit Eröffnung des Betriebes oder mindestens 1 Jahr ununterbrochen auf dem Bergwerk und mindestens 2 Jahre auf gleichartigen Bergwerken desselben Bezirkes unter Tage gearbeitet haben. Sie müssen mindestens 5 Jahre als Hauer beschäftigt gewesen sein, dürfen weder selbst Gast- oder Schankwirtschaft betreiben, noch demselben Hausstand mit einem angehörigen Teil der ein solches Gewerbe betreibt. Wähler und Sicherheitsmänner müssen die bürgerlichen Ehrenrechte und die deutsche Reichsangehörigkeit besitzen. Die Sicherheitsmänner müssen der deutschen Sprache in Wort und Schrift mächtig sein. Eine Unterbrechung der Arbeit liegt nicht vor, wenn Arbeiter alsbald nach Beendigung einer militärischen Dienstleistung, eines Ausstandes oder einer Aussperrung wieder zur Beschäftigung auf demselben Bergwerk angenommen werden, ohne inzwischen auf einem anderen Bergwerke beschäftigt gewesen zu sein (Abs. 2). Die Sicherheitsmänner sind auf mindestens 1 und auf höchstens 5 Jahre zu wählen (Abs. 3, § 80 f b).

Die Sicherheitsmänner sind in der Steigerabteilung zu beschäftigen, in der sie gewählt sind. Sie haben die Befugnis, ihre Steigerabteilung zweimal im Monat zu befahren und sie in bezug auf die Sicherheit des Lebens und der Gesundheit der Arbeiter zu untersuchen. Ihre Befahrungen erfolgen in Begleitung eines Aufsichtsbeamten (§ 73), den Tag und die Schicht der Befahrung bestimmt der Sicherheitsmann (Abs. 1), außerdem haben die Sicherheitsmänner die Befugnis, an den Untersuchungen derjenigen in ihrer Steigerabteilung vorkommenden Unfälle teilzunehmen, welche nach § 204 Veranlassung zu einer Untersuchung durch den Revierbeamten geben (Abs. 2). Der Sicherheitsmann ist verpflichtet, die im Absatz 1 bezeichneten Befahrungen vorzunehmen, wenn der Arbeiterausschuß dies für notwendig erklärt (Abs. 3). Sind nach Ansicht der Mehrheit des Arbeiterausschusses oder der Sicherheitsmänner (§ 80 f k) aus besonderen, auf bestimmte Tatsachen oder Wahrnehmungen gestützten, der Werkverwaltung mitzuteilenden Gründen, außer den regelmäßigen Befahrungen (Abs. 1) weitere Befahrungen notwendig, so ist der

Sicherheitsmann der betreffenden Abteilung berechtigt und verpflichtet, diese Befahrungen vorzunehmen, sofern nicht die Werkverwaltung alsbald nach Kenntnis des Beschlusses gegen die beabsichtigte Befahrung Einspruch erhebt. In diesem Falle hat die Werkverwaltung dem Bergrevierbeamten unverzüglich von der Sachlage Mitteilung zu machen. Die Kosten dieser außerordentlichen Befahrungen fallen den unterirdisch beschäftigten Personen zur Last (Abs. 4). Die Werkverwaltung hat für jeden Sicherheitsmann ein besonderes Fahrbuch anzulegen. In dieses Fahrbuch hat der Sicherheitsmann zugleich nach beendigter Befahrung das Ergebnis derselben einzutragen. Der Betriebsführer hat das Fahrbuch nach jeder Befahrung einzusehen usw. (Abs. 5). Der Bergrevierbeamte ist jederzeit befugt, die Fahrbücher der Sicherheitsmänner einzusehen. Das gleiche Recht steht dem Arbeiterausschuß zu (Abs. 6). Eintragungen in das Fahrbuch, in denen die Besorgnis einer dringenden Gefahr ausgesprochen wird, sind durch den Betriebsführer unverzüglich zur Kenntnis des Bergrevierbeamten zu bringen. Gleichzeitig ist mitzuteilen, welche Anordnungen zur Beseitigung der Gefahr getroffen worden sind (Abs. 7). Auch im übrigen ist der Sicherheitsmann verpflichtet, die zu seiner Kenntnis gelangenden Zustände und Vorgänge, welche geeignet sind das Leben und die Gesundheit der Arbeiter zu gefährden, unverzüglich einem seiner Vorgesetzten zu melden. Absatz 7 findet auf die Meldungen entsprechende Anwendung (Abs. 8). Der Sicherheitsmann ist verpflichtet, die staatlichen Kontrollorgane auf Erfordern zu begleiten und ihnen Auskunft über die Steigerabteilung zu geben (Abs. 9). Ebenso ist der Sicherheitsmann verpflichtet, auf Verlangen der Werkverwaltung eine Befahrung seiner Steigerabteilung (Abs. 1) vorzunehmen (Abs. 10, § 80 f g).

Der Sicherheitsmann erhält für jede von ihm nach den Vorschriften des § 80 f g, Absatz 1, 2, 3, 9 und 10 vorgenommenen Befahrung von der Werkverwaltung eine Entschädigung in Höhe des ihm entgangenen Arbeitsverdienstes (§ 80 f h).

An den die Sicherheit der Gruben betreffenden, insbesondere den in § 80 f g, Absatz 3 und 4 und § 80 f m bezeichneten Verhandlungen und Entscheidungen des Arbeiterausschusses nehmen auch die dem Arbeiterausschuß nicht angehörigen Sicherheitsmänner teil (§ 80 f k).

Scheidet ein Sicherheitsmann während seiner Wahlperiode aus seinem Amte aus, oder wird er durch Krankheit oder sonstige Umstände an der Fortsetzung seiner Tätigkeit als Sicherheitsmann verhindert, oder wird eine neue Steigerabteilung gebildet, so hat der Arbeiterausschuß einen der Sicherheitsmänner zu bestimmen, der für die betreffende Steigerabteilung die Rechte und Pflichten des Sicherheitsmannes hat. Auch kann der Werkbesitzer in einem solchen Falle die Vornahme einer Neuwahl veranlassen. Er muß dies tun, wenn es das Oberbergamt anordnet (Abs. 1). Beim Ausscheiden eines Arbeiterausschußmitgliedes findet Ersatzwahl statt (Abs. 2, § 80 f l).

Der Arbeiterausschuß kann unter Zustimmung der Mehrheit der anwesenden Sicherheitsmänner beschließen, daß die regelmäßigen monatlichen Befahrungen der Sicherheitsmänner (§ 80 f g) bis auf anderweitige Anordnung wegfallen. Der Beschluß tritt nach Genehmigung des Oberbergamtes in Wirksamkeit. Er kann jederzeit durch einen gegenteiligen Beschluß des Arbeiterausschusses oder der Mehrheit der Sicherheitsmänner aufgehoben werden. Letzterer Beschluß bedarf nicht der Genehmigung (§ 80 f m).

Auf Antrag des Werkbesitzers kann das Oberbergamt genehmigen, daß die Wahl nach Fahrabteilungen erfolgt usw. (Abs. 1). Die gewählten Sicherheitsmänner sind auf die verschiedenen Fahrabteilungen zu verteilen und in ihnen zu beschäftigen usw. (Abs. 2, § 80 f m).

Das Amt eines Sicherheitsmannes und das eines Arbeiterausschußmitgliedes erlischt, sobald er aus dem Arbeitsverhältnis ausscheidet oder eine Voraussetzung seiner Wählbarkeit verliert (Abs. 1). Einem Sicherheitsmanne kann indes zu einem früheren Zeitpunkt als zum Ablaufe seiner Wahlperiode das Arbeitsverhältnis durch den Werkbesitzer nur gekündigt werden: 1. wenn er seinen Verpflichtungen als Sicherheitsmann nicht nachkommt; 2. wenn sonst Tatsachen vorliegen, die ihn als nicht geeignet zur Fortsetzung seiner Tätigkeit als Sicherheitsmann erscheinen lassen; 3. wenn er seine Tätigkeit als Sicherheitsmann zu Zwecken mißbraucht, die mit seinem Amte als Sicherheitsmann nicht im Zusammenhang stehen; 4. wenn wichtige Gründe anderer Art vorliegen, die mit der Ausübung seines Amtes als Sicherheitsmann nicht zusammenhängen (Abs. 2). In den Fällen des § 82 kann auch ein Sicherheitsmann vor Ablauf der vertragsmäßigen Arbeitszeit und ohne Aufkündigung entlassen werden (Abs. 3, § 80 f o).

Über die Organisation, Wahl, Zuständigkeit und Geschäftsführung des Arbeiterausschusses, sowie über die Wahl und Tätigkeit der Sicherheitsmänner sind in den Arbeitsordnungen oder in besonderen Satzungen nähere Bestimmungen zu treffen. Der Werkbesitzer ist befugt, in den Arbeitsordnungen oder besonderen Satzungen die Befugnisse des Arbeiterausschusses und der Sicherheitsmänner zu erweitern (§ 80 f p).

Das Oberbergamt kann einen Sicherheitsmann, der seinen im § 80 f g, Absatz 3, 4, 5, 8, 9 und 10 bezeichneten Verpflichtungen nicht nachkommt, seines Amtes entheben usw. (Abs. 3, § 80 f qu).

Die Einführung von Sicherheitsmännern ist also obligatorisch; dagegen sind die Sicherheitsmänner zur regelmäßigen Befahrung wohl berechtigt aber nicht verpflichtet; diese Befahrungen können auf Beschluß des Arbeiterausschusses unterbleiben. In besonderen Fällen ist der Sicherheitsmann zur Befahrung verpflichtet. Der Sicherheitsmann hat seine Beobachtung in ein Fahrbuch einzutragen und bei Vorgängen, welche geeignet sind, das Leben oder die Gesundheit der Arbeiter zu gefährden, unverzüglich einem Vorgesetzten Meldung zu machen, die sich auf seine Eintragung ins Fahrbuch bezieht. Er wird für regelmäßige Befahrungen von den Bergwerkbesitzern bezahlt, während seine außerordentlichen Befahrungen die Arbeiter zu tragen haben.

Wenn man die Regelung der Delegierten in England, Frankreich und Belgien mit der rechtlichen Regelung der Sicherheitsmänner in Preußen vergleicht, so ergibt sich, aus dem mitgeteilten Gesetzestext der einzelnen Staaten, daß Preußen sich im wesentlichen an diese Staaten anschließt.

In keinem Lande jedoch ist die Regelung des Arbeiterausschusses mit der Regelung der Sicherheitsmänner (oder Delegierten) verbunden, wie in Preußen.

Die Rechte des Arbeiterausschusses seien im folgenden kurz zusammengefaßt, hinsichtlich der Unfallverhütung. 1. Er ist berechtigt, den Beschluß zu fassen, daß der Sicherheitsmann außerordentliche Befahrungen vornehmen muß (§ 80 fg., Abs. 4); 2. er hat das Recht, die Fahrbücher einzusehen (§ 80 fg., Abs. 6); findet er hierin Tatsachen vermerkt, die ihm eine Gefahr zu sein scheinen, so kann er die außerordentliche Befahrung beschließen; 3. kann er beschließen, daß die regelmäßigen Befahrungen, bis auf anderweitige Anordnung fortfallen sollen (§ 80 f m) (Diese Bestimmung ist nicht gerade geeignet die Sicherheit der Gruben zu vermehren, wie wir unten sehen werden, vgl. Seite 136; 4. scheidet ein Sicherheitsmann aus seinem Amte während seiner Wahlperiode aus oder wird eine Steigerabteilung neu gebildet, so lange keine Wahl erfolgt ist oder wenn er durch Krankheit oder sonstige Umstände an der Fortsetzung seiner Tätigkeit behindert wird, bestimmt der Arbeiterausschuß einen der Sicherheitsmänner, der für die betreffende Steigerabteilung dessen Rechte und Pflichten zu übernehmen hat (§ 80 fl., Abs. 1).

Bevor wir auf die Wirksamkeit der Tätigkeit der Sicherheitsmänner im Ruhrgebiet eingehen, wollen wir die Stellung der Regierung, der Bergbesitzer und der Arbeiter gegenüber der Novelle vom 28. Juli 1909, welche die Sicherheitsmänner ins Leben rief, kennen lernen.

3. Die Regierung, die Bergbesitzer und die Arbeiter gegenüber dem Gesetz betreffend die Sicherheitsmänner.

a) Der Standpunkt der Regierung.

Mit ganz besonderer Aufmerksamkeit ist die Tätigkeit der Sicherheitsmänner erwartet und beobachtet worden. Um das völlig zu verstehen, müssen wir uns vergegenwärtigen, unter welchen Umständen das Gesetz, das die Sicherheitsmänner hervorrief, geschaffen wurde, mit welchen Erwartungen es von der Regierung begleitet und von den Bergbesitzern und den Arbeitern aufgenommen worden ist; erst dann werden wir ihre Tätigkeit richtig beurteilen können.

Der Gesetzentwurf, betreffend Abänderung des allgemeinen Berggesetzes vom 24. Juni $\frac{1865}{1892}$ und 14. Juli 1905, der im Artikel II die Schaffung der Sicherheitsmänner zum Gegenstand hatte, trägt das Datum vom 8. Februar 1909. Es war also nicht lange nach dem großen Unglück auf Radbod, das sich ja bekanntlich am 12. November 1908 ereignete.

In der beigegebenen Begründung des Artikels II heißt es unter anderem, daß er bezwecke eine Beteiligung der Arbeiter an der Sicherheitskontrolle herbeizuführen. Das Recht einer solchen Beteiligung bestehe schon auf Grund gesetzlicher Vorschrift in England, Frankreich und Belgien, während sie in Bayern und auf einigen Staatswerken des Königreiches Sachsen auf Grund besonderer behördlicher Anordnung bestehe. Es wird dann auf den Bericht der Kommission Bezug genommen, welcher 1898 in die genannten Länder gesandt wurde und gesagt: „Haben die Arbeiten dieser Kommission bislang zu einem gesetzgeberischen Vorgehen in Preußen nicht geführt, so haben sie doch dem preußischen Staate Veranlassung gegeben, für die Staatswerke an der Saar im Jahre 1902 und für das staatliche Bergwerk Gladbeck in Westfalen im Jahre 1906 im Verwaltungswege den englischen Einrichtungen ähnliche Bestimmungen in Vollzug zu setzen . . . Die hierbei inzwischen gesammelten Erfahrungen lassen annehmen, daß der eingeschlagene Weg den preußischen Verhältnissen am besten entspricht, und bei einer gesetzlichen Regelung der Frage für den preußischen Bergbau der gangbarste ist[43]." Es wird dann weiter darauf hingewiesen, daß man bei der allgemeinen Beteiligung der Arbeiter an der Grubenkontrolle für Preußen daran denken müsse, daß hier eine gut organisierte und technisch gut qualifizierte Bergpolizei bestehe, und daß daher um so weniger Veranlassung vorläge neben diesen Beamten noch Arbeiter mit polizeilichen Befugnissen zu bestellen, da auch noch die Knappschaftsberufsgenossenschaft die Möglichkeit besäße, auf die Verminderung der Unfallgefahren durch die Anordnungen einzuwirken. Dann sei zu beachten, daß die Verantwortung für eine technisch einwandfreie Betriebsführung und die Innehaltung der bergpolizeilich geprüften Betriebspläne bei der Verwaltung verbleiben müsse. Die Befähigung für diese Verantwortung wohne zweifellos den preußischen Grubenbeamten inne, sofern nur wie es nach Artikel 1 geschehen solle, das Maß der Verantwortlichkeit des einzelnen sachgemäß abgegrenzt und beschränkt würde. Der kontrollierenden Tätigkeit der Werkbeamten sei eine Grenze gezogen nicht nur durch die menschliche Unzulänglichkeit, weil der einzelne in der Pflichterfüllung erlahmen könne, sondern noch mehr durch die Größe und Unübersichtlichkeit der Betriebe und durch die Inanspruchnahme der Beamten mit anderen aus der Natur der Dinge sich ergebenden Obliegenheiten. Die Tätigkeit der Werkbeamten würde daher beim Unfallverhütungsdienst eine wünschenswerte Ergänzung erfahren, wenn die Belegschaft mit eigener Verantwortlichkeit daran beteiligt und das Verständnis des einzelnen Mannes für die Bedeutung dieses Dienstes geweckt würde. Dazu sei aber eine engere Fühlung zwischen Belegschaft und Werkbeamten und Werkleitern nötig, als sie heute in Massenbetrieben bestände. Dieses Ziel würde am besten dadurch erreicht, daß die in bestimmten, nicht zu groß zu bemessenden Abteilungen des Betriebes beschäftigten Arbeiter Vertrauensleute aus ihrer Mitte wählten, welche nicht durch gelegentliche Befahrungen, sondern durch die eigene tägliche Arbeit durch den Verkehr mit ihren Kameraden deren Wünsche jederzeit erfahren und sich eine eingehende Kenntnis der für ihre Abteilungen in Betracht kommenden Teile des Betriebes verschaffen könne. Dazu eigne sich das auf den Staatswerken an der

[43] Vgl. Drucksache Nr. 136 I des Hauses der Abgeordneten. Jahrgang 1908–1909.

Saar und in Westfalen eingeführte System am besten, das den englischen Verhältnissen insoweit entspräche, daß es besonderen, von den Arbeitern gewählten Personen die Befugnis beilege, das Bergwerk in Begleitung eines Werkbeamten einmal im Monat zu befahren und sich über die Verhältnisse dort zu unterrichten und hierüber einen wahrheitsgetreuen Bericht zu erstatten. Das englische System lege die Kosten der Befahrung den Arbeitern auf, während das Saarbrücker System sie den Bergbesitzern auferlege. Zur Verallgemeinerung des Saarbrücker Systems bedürfe es noch der Anpassung an die Verhältnisse des privaten Bergbaues und der näheren Ausgestaltung nach verschiedenen Richtungen.

1902 haben also die Ergebnisse der ins Ausland geschickten Kommission Veranlassung gegeben, im Staatsbergbau in Saarbrücken, Arbeiterkontrolleure einzuführen und 1906 auch in Westfalen. „Die hierbei inzwischen gesammelten Erfahrungen", heißt es in der Begründung des Gesetzentwurfs, „lassen annehmen, daß der eingeschlagene Weg den preußischen Verhältnissen am besten entspricht..." Es ist merkwürdig, daß der damalige Vorsitzende der Königlichen Bergwerksdirektion in Saarbrücken sich jedoch über die Einführung der Sicherheitsmänner im Saarbergbau gelegentlich [44] so äußerte: „Wenn man nun nach den Erfahrungen fragt, kann man sagen, daß die Arbeiterkontrolleure genau das gehalten haben, was wir uns von ihnen versprachen. Es sollte die ganze Sache meinem Willen nach weiße Salbe sein und es ist auch weiße Salbe geblieben."

Wenn der Gesetzentwurf über diese Einrichtung, welche auf solche Art entstanden ist und der von vornherein die Unfruchtbarkeit mitgegeben wurde, von „gesammelten Erfahrungen" spricht, so klingt das sonderbar; ja man muß hiernach schließen, daß eine ernste Prüfung dieser Materie nicht stattgefunden hat, und es liegt darin der Beweis für eine Interesselosigkeit der Regierung. Das wird auch noch im besonderen durch folgende Stelle bestätigt: „Diese Einführung der Kontrolleure wird ja eigentlich nicht als notwendig von der Regierung hingestellt, sondern es heißt immer, Gott, es schadet ja gar nichts, es soll ja gewissermaßen für euch Bergwerkbesitzer nur ein Nutzen sein, und die Einführung solcher Kontrolle ist ja gewissermaßen eine Kulisse, resp. eine Entlastung für eure Verantwortung [45]."

---

[44] In der Besprechung der Bergbaulichen Vereine im Palasthotel in Berlin, die aus Anlaß der Berggesetznovelle am 6. 1. 1909 stattfand.

[45] So äußerte sich der Oberbergrat Wachler in der Besprechung der bergbaulichen Vereine am 6. 1. 1909.

Steht diese Ansicht der Regierung aber fest, so fällt damit zugleich der Hinweis des Ministers im Plenum, daß nur den äußeren Anlaß zu diesem Gesetz das Unglück von Radbod gegeben habe; denn: da man die Verhältnisse im Ausland schon 1898 kannte, hiernach 1902 Einrichtungen in Preußen in der Weise schuf, daß sie nicht schaden und nicht nützen können, 1909 aber von Erfahrungen spricht, die man bei diesen Einrichtungen gesammelt haben will (wo es eine Unmöglichkeit ist, Erfahrungen zu sammeln), und hierauf gewissermaßen die Gesetzesvorlage materiell zu stützen trachtet, so sehen wir hierin keine Grundlage, die das Gesetz aus inneren Gründen rechtfertigen könnte. Nein, was 1898 von der öffentlichen Meinung aus Anlaß der Katastrophe auf Karolinenglück verlangt wurde, wurde 1908 aus Anlaß der Katastrophe auf Radbod von ihr wiederholt und wurde 1909 Gesetz!

Sehr beachtenswert waren nun die Hoffnungen, welche der Minister im Plenum an dieses Gesetz knüpfte; es waren im wesentlichen drei: 1. Herstellung besserer Beziehungen zwischen Arbeitgeber und Arbeitern; 2. durch die Möglichkeit mit den Sicherheitsmännern unmittelbar nach einem Unglücksfall zu sprechen, wie sie die Lage der Dinge vor dem Unglücksfall beurteilen, würde eine Legendenbildung vermieden, wie z. B. gegenwärtig der Radboder Fall die ganze öffentliche Meinung in Aufruhr versetze; 3. Abkehr der Arbeiter von der Sozialdemokratie.

Diese drei Hoffnungen des Ministers zeigen, daß er den Schwerpunkt der Gesetzesvorlage nicht in der Heranziehung der Arbeiter zum Unfallverhütungsdienst sieht. Das entspricht ja auch dem in der Begründung angeführten Hinweis auf die technisch gut ausgebildete Bergpolizei. Zweitens wird durch den Hinweis auf die Legendenbildung bei Unglücksfällen unsere früher ausgesprochene Ansicht bestätigt, daß dieses Gesetz auf die öffentliche Meinung zurückzuführen ist, nicht also auf Gründen beruht, die in der Institution der Sicherheitsmänner selber zu suchen sind.

Wenn eine Besserung der Beziehungen zwischen Arbeiter und Bergbesitzer angestrebt wird, so ist das nur zu begrüßen; ob aber gerade hierzu die Verquickung der Sicherheitsmänner mit dem Arbeiterausschuß glücklich war, ob sie insbesondere für die Unfallverhütung gut war, werden wir später erfahren.

Durch den dritten Wunsch des Ministers erhält die Gesetzesvorlage eine politische Tendenz. Bevor wir auf den Charakter der Vorlage nach dieser Richtung eingehen, seien die Worte mitgeteilt, die der Minister bei der ersten Beratung des Gesetzentwurfs sagte: „Ich habe die Überzeugung: Sie schaffen, wenn Sie den Gesetzentwurf so, wie er Ihnen vorgelegt wird, annehmen, ein sozialpolitisches Werk von Bedeutung. Sie tun ein Werk, das uns in die Lage versetzt, wieder den Weg zu finden, zur Seele eines großen Teiles unseres deutschen Volkes . . .[46]."

Wieweit Politik schlechthin und Sozialpolitik zusammenfallen, gehört nicht in den Rahmen unserer Betrachtung. Wir stellen nur nach dieser Übersicht fest, daß die Regierung weniger von der sicherheitstechnischen Notwendigkeit der Arbeiterkontrolleure überzeugt war, als mehr von der besseren Beziehung zwischen Arbeitern und Bergbesitzern.

War das der Standpunkt der Regierung bei Einbringung der Gesetzesvorlage, so sei der Standpunkt der Bergbesitzer und Arbeiter nun in Kürze dargelegt.

b) Der Standpunkt der Bergbesitzer.

Am 6. Januar 1909 waren die bergbaulichen Vereine im Palasthotel in Berlin zu einer Besprechung zusammengekommen, um über die bevorstehende Berggesetznovelle, welche auch die Sicherheitsmänner bringen sollte, zu beraten. Der Minister hatte für den 7. Januar 1909 die beteiligten Kreise, also Arbeiter, Beamte und Bergbesitzer, zu einer Konferenz ins Ministerium geladen, um über das neue Gesetz zu verhandeln.

Aus der Verhandlung der bergbaulichen Vereine am 6. Januar 1909 ist unzweifelhaft eine entschiedene Ablehnung der Arbeiterkontrolleure zu entnehmen. Es wurde hier unter anderem hervorgehoben, daß die Kontrolle eher zu groß, als zu gering sei; daß die Todesfälle sich seit 1885 vermindert hätten, daß der soziale Friede durch die Einführung der Sicherheitsmänner im Bergbau nicht gefördert, sondern noch mehr gestört würde, wie heute; daß die Arbeiterkontrolleure eine staatliche Unterstützung der Sozialdemokratie bedeuteten, daß die Arbeiter überhaupt nicht genügend gebildet seien, die Grubenkontrolle vorzunehmen, und daß der eminent politische Gesichtspunkt der Vorlage immer wieder hervorgehoben werden müsse[47].

---

[46] Vgl. 32. Sitzung des Hauses der Abgeordneten vom 16. 2. 1909.

[47] Der Verein für die bergbaulichen Interessen im Oberbergamtsbezirk Dortmund hat schon im Jahre 1898 dem Minister Brefeld eine Denkschrift überreicht bezüglich der Schaffung eines unteren Aufsichtsapparates im Bergwerks-

Und ein Redner erklärte: „Ich möchte die Herren, die morgen ins Ministerium gehen, bitten, immer kraß Nein zu sagen, sich auf keine Erörterungen im Detail einzulassen, vor allem zu diesem wichtigsten Punkt (also Arbeiterkontrolleure) offen zu erklären: wir sind Herr im Hause, und wir lassen die Arbeiter nicht hineinreden. Drücken Sie da dem Minister den Herrenstandpunkt ins Auge. Das ist nach meiner Überzeugung die einzige Möglichkeit, das unheilvolle Gesetz zum Scheitern zu bringen, daß wir dem Herrenhaus sagen können: wir haben unseren Herrenstandpunkt vertreten, nun Herrenhaus, zeige, daß du deinen Namen verdienst, und hilf uns[48]." Das war am 6. Januar 1909. Am 12. Februar 1909 erschien in der Deutschen Bergwerkszeitung (Organ der Bergwerkbesitzer) ein Artikel, der die neuen Arbeiterkontrolleure „Unsicherheitsmänner[49]" nannte. Die Gesetzesvorlage wird hierin leidenschaftlich und schroff bekämpft; sie wird dort eine Halbheit, ein Flickwerk, ein Konglomerat von Inkonsequenz, von Angst und unüberlegter unfruchtbarer Geschäftigkeit genannt. Man wolle den verpfuschten nichtbewährten Arbeiterausschüssen noch, „um den prächtigen sozialen Bau zu krönen, Sicherheitsmänner hinzufügen, die sich nach dem Urteil der einsichtigsten und unbefangenen staatlichen Bergwerkleiter im Saarrevier . . . nicht bewährt haben". Es heißt dann weiter, daß, je länger der Regierungsvorschlag geprüft worden sei, um so mehr wäre man zu der Überzeugung gekommen, daß er bei erlangter Gesetzeskraft, nur eine Wirkung haben könne, nämlich die: „das schon fast unleidliche Verhältnis der Bergleute zu den Zechenbesitzern bis zur Unerträglichkeit zu verschlimmern. Ein Arbeiterkontrolleur, der im Hauptamt sein Brot als Bergmann verdient und von der Zeche bezahlt wird, der aber seinem Wesen nach jeder Disziplinargewalt des Zechenbesitzers entrückt sein soll, ist für den sozialen Frieden, was schlagende Wetter für die Gruben sind!" Seine Entlassung aus Gründen der Arbeitsordnung würde den Frieden in die Luft sprengen. „Der Vorschlag, zu dem beide Parteien

---

betrieb, welche sich entschieden gegen Arbeiterkontrolleure ausspricht, in der es unter anderm heißt: „jedes wie immer geartete Eingehen auf diese Forderung (also Arbeitskontrolleure) ist unseres Erachtens eine Unterstützung der sozialdemokratischen Agitation und Organisation . , .".

[48] Es war der Geheime Bergrat Uthemann.

[49] Diese Bezeichnung soll auch (auf dem 23. Internationalen Bergarbeiterkongreß in Amsterdam) Otto Hue durch einen Zwischenruf auf die heutigen Sicherheitsmänner angewandt haben; ebenso finden wir sie auch neuerdings in der Bergarbeiterzeitung, so in der Nr. 39, 1912.

der Beteiligten kommen, ist diesem Entwurf gegenüber der folgende: Die Arbeiterkontrolleure, wenn sie schon als eine Konzession an die öffentliche Meinung kommen sollen, müssen unter allen Umständen unabhängig von der Zeche sein! Sie dürfen nicht unter der Disziplinargewalt und nicht im Lohn der Zeche stehen. Der Zeche darf keinerlei Verantwortung für sie aufgebürdet werden, sondern die alleinige Verantwortung muß denjenigen Instanzen zufallen, die sie gefordert und geschaffen haben: den Arbeitern und dem Staate! Die Arbeiter sollen sie wählen, der Staat soll sie bezahlen und die Disziplinargewalt über sie ausüben. Die Zechenbesitzer sollen lediglich gehalten sein, die volle und uneingeschränkte Gelegenheit zur Ausübung ihrer Pflichten zu gewähren."

Dieser Vorschlag, der genau das verlangt, was unter anderem auch von dem alten Bergarbeiterverband (den man offiziell immer als sozialdemokratisch bezeichnet) verlangt wurde, und der seinem ganzen Wesen nach auch ein Stück Sozialismus im weitesten Sinne bedeutete, hat uns für einen Augenblick stutzig gemacht, im Rückblick auf die Besprechung der bergbaulichen Vereine, in der beschlossen wurde, dem Minister vor allem auf den eminent politischen Charakter der Vorlage aufmerksam zu machen, eine Vorlage, die bei weitem nicht eine solche Konzession an den Sozialismus einschloß, als der Vorschlag der Werkbesitzer; denn nach der Regierungsvorlage waren es, wie es heute ist, im Arbeitsverhältnis der Zeche stehende und von ihren Kameraden gewählte Arbeiter, bei dem hier gemachten Vorschlag dagegen handelt es sich um aus den Kreisen der Arbeiter und durch sie gewählte Personen, die vom Staate bezahlt werden sollen und folglich aus dem Arbeitsverhältnis ausscheiden. Der so gemachte, über den der Regierung hinausgehende Vorschlag ist nur als taktische politische Maßnahme zu verstehen, da man doch wissen dürfte, daß es von allen deutschen Bundesstaaten stets abgelehnt worden ist, Arbeiter als Staatsbeamte zu bestellen, „weil sich die Anstellung von gewählten Vertrauenspersonen der Arbeiter als Staatsbeamte nicht mit den Grundsätzen des deutschen Staatsrechtes verträgt . . .[50]."

Man setzt daher mit Recht seine Erwartungen auf das Herrenhaus, wie wir es schon anführten, weil man von dort bestimmt erwartet, daß die Vorlage abgelehnt würde, und hofft so, das Gesetz zu beseitigen.

[50] Vgl. Zeitschr. f. Bergrecht, Bd. 51, S. 588, Ministerialdirektor Dr. Wahle, Erläuternde Bemerkung zu dem Gesetz betr. Einführung der Sicherheitsmänner im sächsischen Bergbau.

Hiernach ist also festzustellen, daß die Bergbesitzer, das Gesetz nur ungern kommen sahen, es schroff bekämpften und an ihrem früheren Standpunkt der absoluten Negation der Arbeiterkontrolleure festhielten[51].

c) Der Standpunkt der Arbeiter.

Auf dem Bergarbeiterkongreß in Berlin, der in der Zeit vom 1.—3. Februar 1909 stattfand, waren folgende Organisationen vertreten:

1. der alte Bergarbeiterverband;
2. der Hirsch-Dunckersche Gewerkverein;
3. die polnische Berufsvereinigung.

Diese drei Verbände haben jene Resolution angenommen, die von Arbeitern gewählte und vom Staate besoldete Arbeiterkontrolleure verlangte, und welche in dem Artikel der Bergwerkszeitung als die Grundlage anerkannt wurde, auf der sich Arbeiter und Unternehmer zusammenfänden.

In dem Geleitswort zu dem stenographischen Bericht über diesen Kongreß heißt es: „Es waren die Vertreter von ca. 150 000 organisierten Bergarbeitern Deutschlands auf dem Kongreß versammelt. Auch die nichtvertretenen Organisationen sind mit den Kongreßbeschlüssen einverstanden[52] (?). Darüber ist jeder Zweifel unberechtigt. Auch die noch unorganisierten Berufsgenossen sympathisieren mit den Kongreßbeschlüssen, das ist ebenfalls nicht zu widerlegen."

Ja, man darf sagen, daß damals alle Bergarbeiter die Arbeiterkontrolleure herbeiwünschten, wie es denn schon 10 Jahre früher auch der Fall war, wenn gleich die Auffassung über die Art ihrer Bestellung bei den einzelnen Organisationen geschwankt hat. So war z. B. in den Forderungen, die die Siebenerkommission im Streik 1905 an den Verein für die bergbaulichen Interessen richtete, unter 7. verlangt: „Einführung von Grubenkontrolleuren, die alle 2 Jahre in geheimer Wahl von der Belegschaft aus ihrer Mitte gewählt und von den Zechenbesitzern oder dem Staate bezahlt werden. Der zu Wählende

---

[51] In der 30. Sitzung des Preußischen Abgeordnetenhauses vom 27. 2. 1899 erklärte Minister Brefeld: „Die Grubenbesitzer sind keineswegs geneigt, eine solche Einrichtung (Arbeiterkontrolleure) einzuführen."

[52] Der christliche Gewerkverein war z. B. auf diesem Kongreß nicht vertreten; obgleich er Arbeiterkontrolleure wünschte, stand er nicht mehr auf dem Standpunkt, daß sie vom Staate besoldet sein sollen.

soll mindestens 1 Jahr der Belegschaft angehören und 30 Jahre alt sein."

Hier wurde prinzipiell noch nicht verlangt, daß es vom Staate bezahlte Arbeiter sein sollten. Auf dem II. Bergarbeiter-Delegiertentag für Preußen (in Essen am 11.—12. Februar 1906) wurde eine Resolution von allen Verbänden angenommen, die verlangt, daß die Arbeiter in geheimer Wahl Grubenkontrolleure wählen, deren Zahl und Befugnisse von der höheren Verwaltungsbehörde festgestellt und deren Kosten das Reich zu tragen habe.

Als nun die Regierungsvorlage kam, wurde gegen sie in einer Resolution in Versammlungen, die von den drei in Berlin am Kongreß beteiligten Verbände in ganz Deutschland am 28. Februar 1909 einberufen waren, protestiert, während der christliche Gewerkverein, der nicht am Kongreß teilgenommen hatte, sich auf den Boden der Regierungsvorlage stellte.

Die staatliche Bezahlung soll eine größere Unabhängigkeit der Grubenkontrolleure garantieren und eine solche Unabhängigkeit wäre allerdings notwendig, wie wir unten sehen werden.

Man darf also sagen, daß die Bergarbeiter wohl alle die Grubenkontrolleure herbeiwünschten, obgleich über ihre Regelung im einzelnen die Ansichten geschwankt haben.

Haben wir so den Standpunkt der Regierung, der Bergbesitzer und der Arbeiter gegenüber dem Gesetz, betreffend die Sicherheitsmänner kennen gelernt, so dürfte es sicher interessant sein, die Wirksamkeit dieses Gesetzes in der Praxis kennen zu lernen.

4. Aus der Praxis der Sicherheitsmänner.

Für das Jahr 1910 haben die in den fünf Oberbergamtsbezirken Preußens bestehenden 70 Bergreviere im ganzen 29 Berichte über die Sicherheitsmänner gebracht; acht davon lauten im wesentlichen dahin, daß die Einrichtung noch kein Urteil zulasse und acht andere sagen, daß die Wahl ohne Störung vor sich gegangen wäre und einige von diesen letzteren, unter welcher Beteiligung die Wahl erfolgt ist, z. B. in einem Bezirk mit 46 %, in einem anderen mit 80 %. Die übrigen 13 Berichte beschäftigen sich mit der Tätigkeit der Sicherheitsmänner, über die sie aber im wesentlichen nichts sagen. Aus drei der letzteren Berichte geht hervor, daß auf Beschluß des Arbeiterausschusses die Befahrungen der Sicherheitsmänner aufgehoben wurden. Dann ist noch ein Bericht der aus dem allgemeinen Rahmen heraustritt, den wir auf Seite 137 wörtlich mitteilen.

Von den 70 Bergrevieren entfallen 19 auf das Oberbergamt Dortmund und von den 29 pro 1910 erstatteten Berichten entfallen hierauf 10. Für das Jahr 1911 erstatteten die 70 Bergreviere im ganzen 25 Berichte; davon entfallen auf die 19 Bergreviere des Oberbergamtes Dortmund 8, die wir wörtlich folgen lassen:

Bergrevier, Dortmund I: „Über die Tätigkeit der Sicherheitsmänner ist bemerkenswertes nicht zu berichten. Die Eintragungen in die Fahrbücher lassen erkennen, daß Schäden im allgemeinen nicht festgestellt wurden. Ein Einfluß der Sicherheitsmänner auf Verminderung der Unfälle läßt sich zahlenmäßig nicht nachweisen" (Seite 715).

Bergrevier, Dortmund II: „Die Sicherheitsmänner, die durch ihre Befahrung der Betriebe zur Abstellung von Mängeln und Verminderung der Unfälle beitragen sollen, haben bisher, wie die Zahl der Unfälle ergibt, den beabsichtigten Zweck nicht erreicht" (Seite 718).

Bergrevier, Ost-Recklinghausen: „Das bei der Wahl der Sicherheitsmänner im Jahre 1910 gezeigte Interesse, das sich in einer Wahlbeteiligung von rund 46 % widerspiegelt, ist schnell abgeflaut: denn bei 11 Wahlen im Berichtsjahr wurde eine Wahlbeteiligung von nur 27 % der Wahlberechtigten erzielt .... Die Tätigkeit der Sicherheitsmänner, soweit sie auf der Zahl der Befahrungen beruht, war eine rege: denn die 128 Sicherheitsmänner haben bis 1. Dezember 1911 1967 Befahrungen vorgenommen, während sie bei voller Ausübung ihres Rechtes auf zweimalige Befahrung im Monat, 2608 Grubenfahrten vornehmen durften, gleich rund 75 % .... Wenn aus der Zahl der tödlichen, schweren und auf Antrag untersuchten Unfälle in den Jahren 1909, 1910 und 1911 ein Rückschluß auf den Nutzen der Sicherheitsmänner gestattet ist, so ist ein Vorteil dieser Einrichtung bis jetzt nicht erkennbar" (Seite 722).

Bergrevier, West-Recklinghausen: „Die Sicherheitsmänner machten von ihrer Befugnis, ihre Steigerabteilung zweimal im Monat zu befahren .... ziemlich regelmäßigen Gebrauch. Durch die Tätigkeit der Sicherheitsmänner ist eine Erhöhung der Sicherheit gegen die Gefahren des bergmännischen Berufes nicht herbeigeführt" (Seite 726).

Bergrevier, Herne: „Was die Tätigkeit und das Verhalten der Sicherheitsmänner betrifft, so scheint es, als ob das Interesse an dieser Einrichtung und an den Befahrungen immer mehr erlahme. Vielfach sind die Sicherheitsmänner abgekehrt, lediglich aus dem Grunde, um sich ihrem unbequemen Posten zu entziehen. In den Eintragungen ist meistens der Vermerk ‚In Ordnung‘ zu finden“ (Seite 741).

Bergrevier, West-Essen: „Auf einer Schachtanlage beschloß der Arbeiterausschuß, beim Oberbergamt zu beantragen, daß die monatlichen Befahrungen durch die Sicherheitsmänner bis auf anderweitige Anordnung wegfallen sollen. Das Oberbergamt hat diesem begründeten Antrag stattgegeben. Im übrigen wurden bei den Befahrungen irgend welche wesentliche Mißstände auf keiner Zeche festgestellt“ (Seite 752).

Bergrevier, Werden: „Die vorhandenen .... Sicherheitsmänner haben von der ihnen zustehenden Befugnis .... mit wenigen Ausnahmen, regelmäßig Gebrauch gemacht“ (Seite 759).

Bergrevier, Hattingen: „Die Sicherheitsmänner nehmen im wachsenden Maße von ihrer regelmäßigen Befahrung Abstand. Das Ist dieser Befahrungen blieb über 20 % gegen das Soll zurück“ (Seite 730).[52].

Aus dem Umstand, daß im ersten Jahr, wo dieses Gesetz, das nach den Worten des Handelsministers „ein Werk von sozialpolitischer Bedeutung“ sein sollte, zuerst in Wirksamkeit trat, von 70 Berichtsstellen überhaupt nur 29, und zwar durchweg mit wenigen Worten, diese neue Einrichtung erwähnten, ist zu schließen, daß die Bergbehörde gerade auch kein besonderes Interesse für die Sicherheitsmänner hat[53]. Das deckt sich ja auch mit dem Standpunkt der Regierung, den wir früher kennen lernten.

Für die Interesselosigkeit der Bergbehörden gegenüber den Sicherheitsmännern spricht auch der Umstand, daß von den vielen Klagen, welche die Arbeiterzeitungen enthalten, in den amtlichen Berichten überhaupt nichts erwähnt ist; ein Teil dieser Klagen, die wir gleich kennen lernen, sind jedoch erst im Laufe des Jahres 1912 veröffentlicht worden.

Es seien zunächst einige von diesen Klagen mitgeteilt: „... Auf der Zeche Engelsburg wurden die Kandidaten des gelben Werkvereins gewählt .... Die gelben Sicherheitsmänner haben beschlossen, von der Kontrolle, wie sie im Gesetz bestimmt ist, abzusehen, wie folgender Anschlag der Zechenverwaltung bekundet:

[52a] Vgl. Jahresberichte der Kgl. preuß. Regierungs- und Gewerberäte und Bergbehörden für 1911.

[53] Vgl. auch den Bergknappen Nr. 22, 1912.

Bekanntmachung.

Das Königliche Oberbergamt in Dortmund hat einen Beschluß unseres Arbeiterausschusses genehmigt, nach welchem die regelmäßigen monatlichen Befahrungen der Sicherheitsmänner bis auf anderweite Anordnung wegfallen wollen.

Eppendorf, den 30. Mai 1912.

Gewerkschaft ver. Engelsburg[54].

Von der Zeche Langenbrahm wird berichtet: „Speziell durch gelbe Sicherheitsmänner will man erreichen, daß die regelmäßigen Befahrungen eingestellt werden. Die Zechenbeamten spielen bei der Agitation für die Gelben, vielfach von oben gezwungen, die erste Rolle[55]."

„Am 13. November 1911 befuhr ein Sicherheitsmann der Zeche Mathias Stinnes III/IV seine Abteilung. Er fand dort einen Bremsberg in sehr schlechter Zimmerung stehen. Mit dem Steiger hatte er diesen Fall schon öfter besprochen, aber Abänderung erfolgte nicht. Er trug nun pflichtgemäß diesen Befund ins Fahrbuch ein. Am 15. November wurde er zum Betriebsführer Tillmann bestellt. Derselbe sagte zu dem Sicherheitsmann: ‚Sie haben den Befund des Bremsberges ins Fahrbuch eingetragen. Sie kommen am 1. Dezember an die Stelle ans Verbauen, und zwar für 5,20 Mk. pro Tag.' Der Sicherheitsmann hatte in seiner Arbeit 6,89 Mk. verdient." Als er mit dem Verbauen fertig gewesen wäre, sei er nicht an seine alte Arbeit, sondern an einen Betriebspunkt mit schlechten Verhältnissen gekommen. Hierdurch sei ihm ein Schaden von 50,72 Mk. entstanden. Jeder vernünftige Mensch würde in dieser Handlungsweise eine Maßregelung des Arbeiters wegen seiner Tätigkeit als Sicherheitsmann erblicken. Weil er dieser Ansicht gewesen sei, habe sich der Sicherheitsmann beschwerdeführend hintereinander an den Revierbeamten, das Oberbergamt und an das Berggewerbegericht (auf Anraten des Oberbergamts) gewandt, welches entschieden habe: „Die Verlegung ist ordnungsmäßig erfolgt. Wenn die Arbeit dem Kläger nicht zusagte, so konnte er ja kündigen. Die Zeche ist entsprechend der Arbeitsordnung vorgegangen. Ob eine Maßregelung wegen der Tätigkeit als Sicherheitsmann vorliegt, hat das Gericht nicht zu prüfen. Hierin ist

---

[54] Vgl. B. Bl. v. 10. VI. 1912.

[55] Vgl. Bergknappe Nr. 25, 1912.

es nicht zuständig." Wegen dieser Sache liege nun noch eine Beschwerde dem Minister vor, die noch nicht erledigt sei [56].

Den Tatbestand, wie er hier gegeben ist, als richtig unterstellt, bezeugt dieser Fall doch eine eigenartige Ansicht der Behörden und, wenn die abgewiesenen Beschwerden dieser Behörden dem entscheidenden Berggewerbegericht bekannt waren, auch eine eigenartige Ansicht dieses Gerichts!

Von einem Sicherheitsmann der Zeche W. wird berichtet [57], daß er früher ganz leidliche Löhne verdient habe; es sei aber merkwürdig, daß er, seitdem es bekannt wurde, daß er Sicherheitsmann werden sollte und auch schließlich geworden sei, trotz großer Anstrengung, keinen ordentlichen Lohn mehr verdienen könne. Als er eines Tages seine erste Befahrung als Sicherheitsmann machte, hätte er folgendes ins Fahrbuch eintragen müssen: „Im Stapel I, Flöz 5, fehlen am unteren Anschlage die Sicherheitstore, ebenfalls die Signaltafel. Nach der Bremskammer führt kein vorschriftsmäßiger Fahrweg, es besteht Gefahr des Abstürzens beim Schmieren der Bremse." Vor allem der letzte Satz sei auch durch eine entsprechende Eintragung des Fahrsteigers ins Fahrbuch als richtig anerkannt, indem dort geschrieben sei, „die letzte Fahrt zur Bremskammer ist wieder eingebaut". Er hatte dann noch verschiedentlich Eintragungen ins Fahrbuch gemacht. Seitdem habe er aber keinen ordentlichen Lohn mehr verdienen können; seine diesbezüglichen Beschwerden seien stets erfolglos geblieben mit dem Hinweis, daß die Arbeit, die er habe, für ihn bestimmt sei.

Von der Zeche Herrmann heißt es: „Seit einiger Zeit erfährt der Sicherheitsmann A. T. eine Behandlung, die ihm augenscheinlich die Arbeit auf dieser Zeche verleiden soll. Der Grund dafür ist anscheinend in der Tatsache zu suchen, daß Kamerad G. sich durch den Bezirksleiter einigemale an den Bergrevierbeamten gewendet hat, um dadurch die Abstellung von Mißständen zu erreichen, die auf Vorstellung des Sicherheitsmannes bei den Zechenbeamten nicht beseitigt wurden. Es hat also der Kamerad nur seine Pflicht erfüllt, wie das Gesetz und das Interesse der Belegschaftsmitglieder es ihm vorschreiben. Dem Kameraden hat man nun ein Gedinge gesetzt (die Zechen nennen es vereinbaren), bei dem einfach nichts verdient werden kann. Dann wird ein Lohn von 5,50 Mk. geschrieben, während andere Leute bei

[56] Vgl. Bergarbeiterzeitung Nr. 32, 1912.
[57] Vgl. Bergarbeiterzeitung Nr. 27, 1911.

ähnlicher Arbeit einen Lohn von 6,30 bis 6,80 Mk. bekommen. Ein Versuch unseres Kameraden, von dem Betriebsführer ein anderes Gedinge zu erlangen, war erfolglos. Als T. dann um andere Arbeit ersuchte, wurde ihm erklärt, daß man keine für ihn habe[58]."

Der folgende Fall ist auch beachtenswert: „Am 27. Februar dieses Jahres machte ein Sicherheitsmann auf der Zeche Bruchstraße folgende Eintragung in das Fahrbuch: ‚Im Revier 3, Ort 3, Flöz 8, standen Schlagwetter. In der Korbbremse (Ort 5) fehlte die Sicherheitsbarriere' ".

Die obige Eintragung paßte nun dem Reviersteiger Hartz von der Zeche Bruchstraße gar nicht. Er schrieb darunter: „Schlagwetter sind durch Setzen einer Blende beseitigt. Der Bremsberg war zugenagelt. Außerdem war ein Arbeiter dabei, die Barriere zu reparieren. Folglich war diese Eintragung Blödsinn[59]."

Eine Tageszeitung berichtete folgendes: „Der auf der Zeche Lothringen bei Gerthe tätige Betriebsführer Lins war beschuldigt, einen Sicherheitsmann an der rechtsmäßigen Ausübung seines Amtes behindert zu haben. Der Bergmann E., ein Altverbändler, war von seiner Organisation als Kandidat für die Sicherheitswahl aufgestellt worden. Der Mann war, wie die Bergarbeiterzeitung meldet, seit 9 Jahren auf der Zeche beschäftigt. Im August wurde er gekündigt. Wie das Blatt meldet, im Zusammenhange mit seiner Aufstellung als Sicherheitsmann. Es wurde ihm aber erlaubt, bis 1. Oktober auf der Zeche zu bleiben, da er nicht gleich neue Arbeit finden konnte. Unterdes wurde E. gewählt. Am 1. September ließ der Betriebsführer den E. zu sich rufen. Er fragte ihn, ob er freiwillig auf das Amt des Sicherheitsmannes verzichten wolle. Nach der Behauptung des E. hat dieser auf die Frage des Betriebsführers nicht geantwortet, während ein Steiger der Zeche gehört haben will, daß er dem Verzicht zugestimmt habe. Am 4. September verlangte E., als Sicherheitsmann einfahren zu dürfen. Das wurde ihm aber verweigert, und als er am 1. Oktober zur Anfahrt erschien, wies man ihn zurück, obwohl er besonders darauf aufmerksam machte, daß er nach den gesetzlichen Bestimmungen während seiner Amtsdauer als Sicherheitsmann nicht aus der Arbeit entlassen werden dürfe. Eine Beschwerde beim Königlichen Oberbergamt in Dortmund bewirkte, daß der Mann am 19. Oktober wieder einfahren durfte .... Mit diesem Erfolge der Beschwerde

---

[58] Vgl. Bergknappe Nr. 25, 1912.

[59] Vgl. Volksblatt, Nr. 102, 1912.

allein gab sich E. nicht zufrieden. Er erstattete außerdem Strafanzeige gegen den Betriebsführer, der denn auch mit 15 Mk. Geldstrafe bestraft wurde, weil er rechtswidrig versucht hatte, den Sicherheitsmann zu veranlassen, auf sein Amt zu verzichten."

In dieser Verhandlung sagte der Amtsanwalt: „Ich beweise, daß Ehrhardt deshalb gekündigt worden ist, weil man wußte, daß er als Sicherheitsmann gewählt werden würde. Ich stelle ferner unter Beweis, daß auf Lothringen 4 weitere Sicherheitsmänner schikaniert worden sind."

Auf der Zeche Lothringen ereignete sich bekanntlich im August 1912 eine Schlagwetterexplosion, wobei 118 Menschen getötet wurden. Anläßlich dieses Unglückes berichtete die Bergarbeiterzeitung[60]: „So ist der Sicherheitsmann der Unglücksreviere seit seiner Wahl am 29. August 1910 21 mal verlegt[61] worden.. Was das heißt, kann nur der ermessen, der die Verhältnisse im Bergbau kennt. Der Mann konnte wirklich seines Lebens nicht mehr froh werden. Oft hat er bei seinen Befahrungen Schlagwetter an den verschiedensten Betriebspunkten festgestellt. Aber jedesmal, wenn er Eintragungen ins Fahrbuch machte, bekam er zu fühlen, daß man das nicht gerne sah .... Wenn der Sicherheitsmann eine Befahrung vornahm, wurden vorher schon Vorkehrungen getroffen, daß die Betriebspunkte wetterfrei befunden werden sollten. Trotzdem fand er oft erhebliche Wetteransammlungen. Bei einer Befahrung, die der Sicherheitsmann am 23. November 1910 vornahm, fand er wieder an einem Betriebspunkt Schlagwetter und trug ins Fahrbuch ein: „Im Revier Middelmann auf Ort 3, Flöz 1, Westen, habe ich einen Hohlraum gefunden in der Firste, welcher voll Wetter stand."

Die Frage: „Liegt eine dringende Gefahr vor, und worin besteht sie?", beantwortete er wie folgt: „Ja, Schlagwetter bilden bekanntlich immer eine dringende Gefahr." Hierzu bemerkte der begleitende Beamte ins Fahrbuch: „Die angeführten Schlagwetter wurden durch das Aufhängen einer Blende in Abzug gebracht. Vogelsang." Der Betriebsführer trug dazu folgendes ins Fahrbuch ein: „Die ange-

---

[60] Vgl. Bergarbeiterzeitung vom 10. August 1912.

[61] Verlegen heißt: mit einer anderen Arbeit, an einem andern Ort, beschäftigen, wodurch, wenn eine Schikane vorliegt, regelmäßig eine materielle Schädigung verbunden ist, indem der Lohn direkt vermindert wird oder der Lohn infolge der neuen Arbeit nur schwieriger verdient werden kann, oder aber, daß die neue Arbeit auf irgend eine Weise sonstige Unannehmlichkeiten einschließt.

führten Betriebspunkte habe ich eine Stunde, nachdem der Sicherheitsmann D. gefahren hat, auch befahren. Die angeführten Schlagwetter waren bereits in Abzug gebracht. Eine dringende Gefahr war vollständig ausgeschlossen. Der angeführte Betriebspunkt war in der Firste ausgeschlagen. Der Steiger Middelmann ist angewiesen worden, die Stelle mit Bergen auszufüllen. Lins." .... Die Kameraden des Sicherheitsmannes suchte man wiederholt gegen diesen aufzuhetzen. So sagte der Fahrsteiger Vogelsang einmal zu denselben, als sie sich über das niedrige Gedinge beklagten: „Wenn euch das nicht gleich ist, mit dem Sicherheitsmann zu arbeiten, da müßt ihr euch melden ...." Noch deutlicher wurde Steiger Zeppenfeld, der zu den Kameraden des Sicherheitsmannes sagte: „Paßt dem Sicherheitsmann auf die Finger; wenn er etwas tut, was sich nicht gehört, fliegt er ..."

Es ist notwendig, auf diese Klagen einzugehen; wir beginnen daher mit der ersten Mitteilung von der Zeche Engelsburg. Hier wurden auf Beschluß des Arbeiterausschusses die regelmäßigen Befahrungen des Sicherheitsmannes eingestellt. Das ist gesetzlich zulässig, und darin liegt nicht das Besondere, sondern, daß die Mitglieder des Arbeiterausschusses Mitglieder des Werkvereins sind, also einer Organisation angehören, die[62] unter tatkräftiger Hilfe der Arbeitgeber geschaffen wurde, um sich Arbeitswillige zu sichern.

Dabei ist zu berücksichtigen, daß gerade nach dem letzten Streik im März 1912, eine lebhafte Agitation der Werksverwaltungen für die Werksvereine eingesetzt hat, die man durch die Grubenbeamten vom Betriebsführer abwärts bis zum Steiger vornehmen ließ[63], von Leuten also, welche die direkten Vorgesetzten der Arbeiter sind. Bei der großen wirtschaftlichen Abhängigkeit der Arbeiter ist es daher nicht zu verwundern, daß diese gelben Werkvereine auch Mitglieder fanden, nach unserer Ansicht, die sich auf viele Umfragen bei den Arbeitern stützt, nicht aus Überzeugung, vielmehr aus wirtschaftlicher Abhängigkeit. Die Arbeiter sehen auch in den gelben Werkvereinen nicht die Vertreter ihrer wirtschaftlichen Interessen. So hat uns z. B. der Beamte Kühme des christlichen Gewerkvereins mitgeteilt, daß ein Arbeiter, der Mitglied eines gelben Werkvereins war, zu ihm gekommen sei, damit seine Organisation seine Interessen in irgend einer Sache wahrnehme.

---

[62] Vgl. auch den Vortrag Dr. Zimmermanns, den er in der Gesellschaft für soziale Reform in Berlin im Januar 1913 hielt.

[63] Vgl. die Mitteilung von der Zeche Langenbrahm auf Seite 131 und den Techn. Grubenbeamten Nr. 9 1912.

Welche Bedeutung haben nun diese gelben Werkvereine für unsere Betrachtung? Da verweisen wir auf die Nachricht von der Zeche Langenbrahm, wo es heißt: „Speziell durch gelbe Sicherheitsmänner will man erreichen, daß die regelmäßigen Befahrungen eingestellt werden"; denn der Arbeiterausschuß wird ja zum Teil durch die Sicherheitsmänner gewählt und zu einem anderen Teil von der Belegschaft über Tage, während der Bergbesitzer das Recht hat, einen kleinen Teil des Gesamtausschusses zu ernennen. Da der Gesetzgeber einen Mißbrauch der Vorschrift, daß der Arbeiterausschuß durch die Arbeitgeber beeinflußt, die Befahrungen der Sicherheitsmänner aufheben könne, verhindern wollte[64], so bestimmte er auch, daß dieser Beschluß der Genehmigung bedürfe. Wenn aber auf der Zeche Engelsburg der Beschluß gefaßt wurde, die Befahrung der Sicherheitsmänner aufzuheben und dieser Beschluß auf die Wirkung oder Mitwirkung der Mitglieder des gelben Werkvereins hin erging, so liegt darin zum mindesten eine Umgehung der zum Wohle der Arbeiter geschaffenen sozialen Einrichtungen. Obgleich dieses Verfahren der Werksverwaltung gerade gesetzlich nicht verboten ist, so ist es doch ein wahltaktisches Manöver, das die Intentionen des Gesetzgebers auf den Kopf stellt; denn wenn der Gesetzgeber Sicherheitsmänner zur Grubenkontrolle für notwendig erachtet, diese aber durch die Wahltaktik bzw. Beihilfe der Bergbesitzer beseitigt werden, so muß doch die Grubenkontrolle darunter leiden. Es ist dieses Verfahren der Bergbesitzer daher gegenüber Bernhard[65] anzuführen, der nur Verstöße bei den Wahlen der Arbeiter zu kennen scheint. Er sagt: „am 25. Oktober 1910 erklärte der preußische Handelsminister, daß ‚die besten Absichten Gefahr laufen, der Wirkung nach in ihr Gegenteil verwandelt zu werden', weil bei den Wahlen für soziale Einrichtungen, ‚nicht vor allem die Sachkenntnis und Erfahrung des Gewählten, sondern das Maß seines politischen Radikalismus entscheidend sei' und die Berichte der staatlichen Bergbehörden bestätigen diese Behauptungen durchaus." Gegenüber den Worten des Ministers ist zunächst daran zu erinnern, daß sein Amtsvorgänger, der die Gesetzesvorlage, betreffend die Sicherheitsmänner, einbrachte, hervorgehoben hat, daß diese Sicherheitsmänner gewählte Vertrauensleute der Belegschaft sein sollten. Wenn es nun tatsächlich Sozialdemokraten sind, welche

[64] Vgl. Kommissionsbericht des Abgeordnetenhauses, Drucksache 540 A, S. 76, Jahrgang 1908—1909.

[65] Vgl. Ludwig Bernhard, Unerwünschte Folgen der deutschen Sozialpolitik, S. 101.

das Vertrauen ihrer Kameraden genießen, so liegt hierin doch nichts, was gegen das Gesetz verstoßen könnte. Wenn daher die Klage des Ministers, die besten Absichten liefen Gefahr, der Wirkung nach in ihr Gegenteil verwandelt zu werden, begründet sein soll, muß man nachweisen, daß diese Vertrauensleute tatsächlich minderwertig sind. Wir werden hierauf unten eingehen. Gegenüber dem Hinweis von Bernhard, „die staatlichen Revierbehörden bestätigen diese Behauptungen durchaus“, ist zu bemerken, daß sich Bernhard hier auf den folgenden Bericht eines einzigen Revierbeamten (Herne) stützt: „Bei den Ende August unter sehr reger Beteiligung von etwa 60—70 % getätigten Wahlen (für die Sicherheitsmänner) zu diesen Ämtern hat sich gezeigt, daß vielfach nicht persönliche Tüchtigkeit und berufliche Erfahrung ausschlaggebend hinsichtlich der Befähigung zu diesem Posten waren, sondern daß mehr die Zugehörigkeit zu einer Organisation und die politische Gesinnung des Betreffenden für die Wahl eine Rolle spielten[66].“

Da hierin ganz allgemein die persönliche Tüchtigkeit der Sicherheitsmänner in gewissen Zweifel gezogen wird, so muß, im Gegensatz zu Bernhards Ansicht, darauf hingewiesen werden, daß, wenn man die Berichte der Bergbehörde tatsächlich durchsieht[67], es sich findet, daß dieser Bericht des Bergreviers Herne völlig allein dasteht, und daß eine persönliche Tüchtigkeit der Sicherheitsmänner in den gesamten sonstigen Berichten sämtlicher Bergbehörden nicht nur nicht in Zweifel gezogen worden ist, sondern daß in ihnen auch nicht eine einzige Stelle über persönliche Untüchtigkeit berichtet[68]. Darin liegt

---

[66] Vgl. Jahresberichte der Königl. Preuß. Regierungs- und Gewerberäte und Bergbehörden für 1910 S. 633.

[67] Wir vermögen nicht zu glauben, daß Prof. Bernhard diese Durchsicht vorgenommen hat, weil er sonst zu einem andern Schluß hätte kommen müssen. Wir werden in dieser Annahme auch dadurch bestärkt, daß er eine ziemlich lange Stelle angeblich nach der Bergarbeiterzeitung wiedergibt (auf S. 97—98 seiner Schrift: „Unerwünschte Folgen usw.), ohne sie durch Datum oder Nummer näher zu bezeichnen. Nun befindet sich genau dieselbe Stelle auch in dem Jahresbericht des Zechenverbandes für 1910; ebendort finden wir auch die Worte des Handelsministers (die wir oben nach Bernhard anführten) wofür Bernhard keine Quelle nennt, wie er den Jahresbericht des Zechenverbandes pro 1910 überhaupt nicht erwähnt. Ja, Bernhards Schrift zeigt bei den Abschnitten: „Wahlkampf“ und „die Parteiherrschaft“ solche überraschende Ähnlichkeit mit den Jahresberichten des Zechenverbandes pro 1910 und 1911, daß man glauben muß: zwei Seelen und ein Gedanke!

[68] Der Jahresbericht des Zechenverbandes für 1911 sagt, es seien im Jahre 1911 18 Fälle bekannt geworden, (es sind im ganzen etwa 1600

aber wohl der Beweis, selbst parteipolitische Grundsätze für die Wahl zugegeben, daß, wie es in dem Bericht des Bergreviers Herne heißt, „die Zugehörigkeit zu einer Organisation und die politische Gesinnung des Betreffenden" noch nicht eine Inferiorität der gewählten Person einschließt. Daher sind die Worte des Ministers, die wir nach Bernhard anführten, daß „die besten Absichten Gefahr laufen, der Wirkung nach in ihr Gegenteil verwandelt zu werden", hier für die Sicherheitsmänner in sachlicher Beziehung als durchaus unbegründet zurückzuweisen, sofern man nicht als Politiker urteilt. Wir vermögen daher auch dem Herrn Staatssekretär Delbrück nicht zuzustimmen, der sagte[69],

---

Sicherheitsmänner vorhanden) daß Sicherheitsmänner sich derartige Überschreitungen und Anmaßungen ihrer Befugnisse zu schulden kommen ließen, die ihre Amtsentsetzung zur Folge gehabt hätten. „Es wird dieses wohl auf die Taktik (der Sozialdemokratie) in erster Linie zurückzuführen sein", heißt es dort. Diese Mitteilung des Zechenverbandes vermag unsere Ansicht darum nicht zu ändern, weil von den Bergbesitzern diese politischen Momente schon 1898 vorgebracht, 1909 wiederholt und immer wieder vorgebracht worden sind und weil sich hier, wo der Nachweis zu erbringen wäre, der Jahresbericht des Zechenverbandes, dem präzise Angaben über die einzelnen Zechen bekanntlich doch sehr leicht fallen, auf Vermutungen beschränkt! (Vgl. auch die Sicherheitsmänner von Dorstfeld (S. 47).

[69] „Ich habe das Gesetz eingebracht in der Hoffnung, daß man aus dem Sicherheitsmann, so wie ich ihn mir gedacht hatte, mit den Kautelen, die für seine Funktion geschaffen waren, ein rein technisches Institut machen würde, daß zu Sicherheitsmännern die sachverständigen, technischen Vertrauensleute der Belegschaft gewählt werden sollten. Ich habe angenommen, daß, wenn die Versicherungen, die mir damals von Arbeiterkreisen gegeben wurden, erfüllt würden, es möglich sein würde, daß bei der Wahl der Sicherheitsmänner nicht politische Parteigesichtspunkte ausschlaggebend sein werden, sondern daß lediglich die technische, die persönliche Zuverlässigkeit, die Charaktereigenschaften des einzelnen Sicherheitsmannes entscheidend für die Wahl sein würden. Meine Herren, was haben sie aus der Sache gemacht? Eine politische Institution der Sozialdemokratie. Ich verweise auf die gedruckte Instruktion für die Sicherheitsmänner, die in jedermanns Händen ist, und die in diesem hohen Hause wiederholt besprochen worden ist. Ich verweise darauf, daß diese Wahlen sich überhaupt nicht anders vollziehen als in den Formen eines Kampfes zwischen den christlichen Gewerkschaften und den Sozialdemokraten.

Meine Herren, dieser Fall ist charakteristisch: durch die Politisierung des Instituts der Sicherheitsmänner ist der gute Zweck dieses Gesetzes von vornherein vereitelt worden." (Vgl. Sitzung des Reichstages vom 16. 1. 13.)

Wenn es richtig wäre, daß durch die Politisierung dieses Institutes der gute Zweck des Gesetzes in sachlicher Beziehung (also die Grubenkontrolle zu verbessern) hätte vereitelt werden können, so dürfte die Regierung hierfür zuerst verantwortlich sein; denn Herr Delbrück, damals Handelsminister, durch die Politisierung des Instituts der Sicherheitsmänner sei der gute Zweck des Gesetzes von vornherein vereitelt worden.

Dann teilt Bernhard noch mit, daß die Sicherheitsmänner von ihrer Organisation die Anweisung erhielten, Löhne zu ermitteln; darin liegt sicher ein Verstoß gegen das Gesetz. Denn es verbietet ausdrücklich, daß die Sicherheitsmänner sich hiermit beschäftigen, obgleich wir ja beim Gedingevertrag erfahren haben, daß Löhne und Unfälle in gewissem Zusammenhang stehen. Unterstellen wir auch, wie Bernhard es tut, daß diese Lohnermittlung nur zu parteipolitischem Mißbrauch diente, so müssen wir doch für die Sicherheitsmänner daran erinnern, daß sich für sie ein Mangel ihrer Person, der geeignet wäre, diese Institution der Grubenkontrolle „ihrer Wirkung nach in ihr Gegenteil zu verwandeln", wie der Minister sagte: aus den amtlichen Berichten nicht nachweisen ließ. Wir wollen daher hier in bezug auf die Lohnermittlung nur daran festhalten, daß es sich um einen direkten Verstoß gegen das Gesetz von seiten der Arbeiter, vielmehr ihrer Organisation handelt; aber die Fälle der Zechen W., Heermann, Mathias Stinnes und Lothringen, welche wir gleich besprechen werden, stellen sämtlich und teilweise sehr krasse Verstöße der Bergbesitzer gegen das Gesetz dar, daß es notwendig ist, um ein objektives Bild zu erhalten, sie, im Gegensatz zu Bernhard, wenigstens zu erwähnen.

sprach offen aus (bei Einbringung dieses Gesetzes): er erwarte hierdurch „die Abkehr unserer Arbeiter von der Sozialdemokratie". Es dürfte gut sein, hieran und an die Worte Hilgers und Wachlers (vgl. S. 122) zu erinnern, aus denen sich zweifellos ergibt, daß eine Vereitelung des guten Zweckes dieses Gesetzes in sachlicher Beziehung überhaupt nicht möglich war. Denn „weiße Salbe" ist nicht das Heilmittel für ein großes soziales Leiden. Da auch die Bergbesitzer dieses politische Moment gegen die Sicherheitsmänner wieder ins Feld führen, was natürlich und nach ihrem „Herrn-im-Hause-Standpunkt" zu verstehen ist, so seien dem Herrn Staatssekretär gegenüber die Worte mitgeteilt, welche die National-Zeitung 1898 schrieb, anläßlich der Veröffentlichung der Unternehmerdenkschrift (vgl. Seite 124), die sich gegen die Einführung von Arbeiterkontrolleuren aussprach und unter andern gegen diese unter langer Begründung politische Bedenken erhob:

„Man wird doch nicht wohlbegründete sozialpolitische Maßnahmen darum unterlassen wollen, weil keine Verminderung der sozialdemokratischen Stimmen davon zu erwarten ist." (Vgl. Soziale Praxis Nr. 47, 1898.) Die Soziale Praxis (Nr. 46, 1898) selbst erklärte in bezug auf die Einführung von Arbeiterdelegierten als Kontrollorgane im Bergbau gemütlich, daß es keine wirksamere Bekämpfung der Sozialdemokratie gebe als durch Gewährung berechtigter Forderungen der Arbeiter; daß aber diese Forderung gute Gründe für sich habe, sei vom Handelsminister wie im Abgeordnetenhaus bestätigt worden.

Und heute liegen die Verhältnisse nicht anders! (Vgl. auch Seite 145.)

Wir haben die Fälle von den Zechen W. Herrmann und Mathias Stinnes mitgeteilt, aus denen sich ergibt, daß die Sicherheitsmänner durch die Werksverwaltungen materiell geschädigt werden. Es wird hierin mit Recht von den Arbeitern ein System erblickt, das dem Sicherheitsmann den Dienst verleiden soll. Denn die Klagen auf den einzelnen Zechen nach dieser Richtung sind recht zahlreich, so daß wir sie nicht alle mitteilten und uns auf einige Fälle beschränkten. Mag der eine oder der andere Fall auch tatsächlich übertrieben sein, so bleibt doch als Kern, daß die Arbeiter systematisch durch die Bergbesitzer in der Ausübung ihrer amtlichen Tätigkeit geschädigt werden, worin doch zweifellos ein Verstoß gegen das Gesetz liegt, wie das im besonderen aus den Fällen der Zeche Lothringen noch hervorgeht. Neuerdings geht man jedoch auf verschiedenen Zechen so vor, wie uns glaubwürdig versichert wird, die Sicherheitsmänner zu bevorzugen; werden sie stark genug sein, diese Versuchung gefahrlos zu überwinden?

Der von der Zeche Bruchstraße mitgeteilte Fall ist ein gutes Beispiel dafür, wie die Sicherheitsmänner gelegentlich behandelt werden. Der Steiger gesteht hier schriftlich, daß der Sicherheitsmann berechtigte Eintragungen machte und dennoch setzt er die Bemerkung hinzu, daß die Eintragung „Blödsinn“ sei.

Die beiden Fälle, welche wir von der Zeche Lothringen mitteilten, sind besonders wichtig. Der erste Fall, wo der Betriebsführer bestraft wurde, weil er versucht hatte, den Sicherheitsmann zu veranlassen, auf sein Amt zu verzichten, und der zweite Fall, wo ein Sicherheitsmann 21 mal verlegt wurde, beweisen, wie sehr man auf dieser Zeche gegen die Sicherheitsmänner eingenommen war. Es ist daran zu erinnern, daß gerade in dem Revier des Sicherheitsmannes, den man angeblich 21 mal verlegt hat, sich die Explosion ereignete, die 133 Opfer forderte. Und für dieses Revier ist amtlich zugegeben worden, daß die Wetterlutten 15—16 m in den betreffenden Ortsstoß nicht vorgebaut waren. Darin liegt ein ganz erheblicher Verstoß gegen die Bergpolizeiverordnung, weil in Betrieben, wo sich Schlagwetter zeigen, das Höchstmaß der Entfernung der Wetterlutten vom Ortsstoß nur einen Meter betragen darf. Da aber für die Herstellung von 15 bis 16 m Querschlagarbeiten 8—14 Tage Zeit erforderlich ist, so folgt doch, daß, wenn gehörig kontrolliert worden wäre, dieser Übelstand entdeckt werden mußte, ganz abgesehen davon, daß der Steiger die täglichen Arbeiten zu beaufsichtigen hat und folglich von diesem Zustand Kenntnis haben mußte. Aber nicht er allein, sondern zunächst der

Ortsälteste und dann auch der Betriebsführer kommen hier verantwortlich für die Grubenkontrolle in Frage und dennoch, trotz aller dieser Organe, dieser Mangel!

Die Kölnische Zeitung[70], die sich ebenfalls mit dem Unglück auf Lothringen befaßt hat, gibt zu, daß der Sicherheitsmann in dem Unglücksrevier auf Zeche Lothringen mehrfach Schlagwetter festgestellt und dies ins Fahrbuch eingetragen hat; sie gibt ferner zu, daß er wiederholt verlegt worden ist. Das sei in einem der Fälle geschehen und hätte geschehen müssen, weil der betreffende Betrieb zu Ende ging, und weil in einem anderen der Fälle die Belegschaft erklärt habe, nicht mehr mit dem Sicherheitsmann zusammen arbeiten zu wollen. Die Rheinische Zeitung schrieb in dieser Sache[71]: „Der Erfolg dieser fortgesetzten Drangsalierungen war, daß der Sicherheitsmann die Fahrabteilung nur noch einmal im Monat befuhr und meistens von Eintragungen ins Fahrbuch Abstand nahm, trotzdem er fast bei jeder Befahrung Schlagwetter vorgefunden." Demgegenüber hebt die Kölnische Zeitung hervor, daß dieser Sicherheitsmann noch im Monat August (also dem Unglücksmonat) eine Befahrung vorgenommen habe und ins Fahrbuch geschrieben hätte: „Alles in Ordnung."

Wenn es nun in den Berichten der Bergbehörden heißt, es ließe sich zahlenmäßig nicht nachweisen, daß die Sicherheitsmänner in bezug auf Verminderung der Unfälle günstig gewirkt hätten, so wird man doch glauben müssen, daß ein Mann, wie dieser Sicherheitsmann von Lothringen, wohl nicht mehr das Interesse für sein Amt haben kann, wenn man die ihm zuteil gewordene Behandlung (selbst wenn man nach der Kölnischen Zeitung nur wiederholte Verlegung annimmt[72]) berücksichtigt[73]. Nach dieser Behandlung könnte man es schließlich verstehen, wenn auch unter keinen Umständen billigen, daß der

[70] Vgl. Kölnische Zeitung Nr 912, v, 15. August 1912.

[71] Vgl. Rheinische Zeitung Nr. 185, v. 12. August 1912, welche wir nach dem Bergknappen Nr. 34, 1912 anführen.

[72] Denn man darf hier ohne weiteres in der Verlegung eine Schikane erblicken mit Rücksicht auf ihre Häufigkeit, mit Rücksicht auf die schon früher erfolgte Bestrafung des Betriebsführers dieser Zeche, mit Rücksicht auf die Worte des Amtsanwalts, der unter Beweis stellte, daß nicht nur in dem zur Anklage stehenden Fall der Sicherheitsmann, sondern noch weitere vier Sicherheitsmänner schikaniert worden sind.

[73] Der Bergknappe, Nr. 34, 1912, sagt in bezug auf die Ursachen des Unglücks auf Zeche Lothringen: „Es ist wohl kein Zweifel mehr möglich, daß der Sicherheitsmann (auf Zeche Lothringen) nicht so behandelt wurde, wie er es verlangen kann und verlangen muß."

Sicherheitsmann, entgegen seiner objektiven Beobachtung, Eintragungen ins Fahrbuch machte, die dahin lauten: „Alles in Ordnung“. Für diese Annahme liegt aber kein zwingender Beweis vor. Schon darum nicht, weil es in dem Bericht der Bergarbeiterzeitung heißt, daß man vor der Befahrung des Sicherheitsmannes alles vorbereitet habe, und es nicht ersichtlich ist, ob er seine Fahrabteilungen an dem betreffenden Tage im August, (wo er seine Kontrollfahrt vornahm und die Eintragung machte, daß „alles in Ordnung“ sei), vollständig oder nur teilweise befahren hat und folglich von den nichtvorgebauten Wetterlutten in seinem Revier Kenntnis hatte.

Nach den Umständen, wie wir sie von Lothringen und vielen anderen Zechen erfahren haben, kann das Vorhandensein der Sicherheitsmänner allein keine Gewähr für eine Verminderung der Unfälle bieten, sondern es muß den Leuten auch Gelegenheit gegeben werden, ohne materielle oder sonstige Nachteile für sie, ihr Amt versehen zu können. Die Tatsache des Unglücks auf Lothringen im Verein mit der Behandlung der Sicherheitsmänner hier, ist gewiß nicht darnach angetan, die öffentliche Meinung zu beruhigen, und erst recht nicht, weil sich in dem Unglücksrevier herausgestellt hat, daß die Wetterlutten nicht vorschriftsmäßig vorgebaut waren.

Die Berichte der Bergbehörde gingen ja übereinstimmend dahin, daß das Interesse der Arbeiter an der Einrichtung der Sicherheitsmänner nachlasse und daß sie erweislich nicht zur Steuerung der Unfallgefahr beigetragen habe. Ja, das ist allerdings nach den angeführten Stellen aus der Praxis der Sicherheitsmänner erklärlich; denn, wenn die Sicherheitsmänner keinen Schutz durch ihre Vorgesetzten genießen, wenn die Verwaltungen systematisch darauf ausgehen, die Sicherheitsmänner auf alle mögliche Art zu verdrängen, so kann das den Arbeitern nicht verborgen bleiben. Wenn sie sich daher an der Wahl nicht in dem früheern Maße beteiligen, ist damit nicht bewiesen, daß sie für die Institution kein Interesse haben. Und wo tatsächlich eine Interessenlosigkeit eingetreten ist, hat sie einen plausiblen Hintergrund[74]. Wenn aber zweitens die Sicherheits-

[74] Von der Zeche Wiendahlsbank heißt es: „Am 4. November fand der Sicherheitsmann der 1. Fahrabteilung im Revier I Schlagwetter. Wäre dieses nun nicht ins Fahrbuch eingetragen worden, wäre alles gut gewesen. Der Befund wurde aber eingetragen und daraufhin wurde der Ortsälteste mit 5 Mk. bestraft, weil er in Schlagwettern gearbeitet hat. Am 28. November wurde eingetragen, daß die Zimmerung von vier Strecken schlecht sei und am anderen Morgen hängen prompt 14 Mann mit je 3 Mk. im Strafkasten.

männer nicht zur Verminderung der Unfälle beigetragen haben, so kann aus den selben Umständen doch nicht geschlossen werden, daß sie überhaupt nicht geeignet seien, eine Verbesserung der Grubensicherheit herbeizuführen. Wir haben vielmehr gelegentlich der Besprechung der Unfälle durch Stein- und Kohlenfall veranlaßt, erfahren, daß sich nach dieser Richtung die Arbeiterdelegierten in Frankreich und Belgien zweifellos wirksam erwiesen haben[75]. So wie wir aus den verschiedenen Klagen die Tätigkeit der Sicherheitsmänner kennen lernten, ist als bewiesen anzusehen, daß mit allen möglichen Mitteln versucht wird, sie an der rechtmäßigen Ausübung ihrer Pflichten zu hindern. Und das bestätigt auch der Geschäftsführer des Zechenverbandes folgendermaßen: „Im Anfang ihrer Tätigkeit sind wohl allerdings hie und da Anzeigen über Verstöße gegen bergpolizeiliche Vorschriften erfolgt; das hat aber infolge der unangenehmen Konsequenzen, denen sich die Leute dadurch aussetzen, recht bald aufgehört[76]."

Als die Kameraden deswegen vorstellig wurden, wurde ihnen gesagt, das ist Sache des Sicherheitsmannes. Wie kommt es nun, oder wer ist schuld, daß die Strecken so schlecht sind? Nicht die eingetragenen Strecken allein, sondern die Mehrzahl sind im schlechten Zustande. Da liegt es nicht an den Arbeitern, sondern vor allem im System. Die Streckenreparatur ist im Gedinge einbegriffen, woran aber beim Gedingemachen nicht gedacht wird. Hier kommt nur die Kohlengewinnung in Betracht und da wird das Gedinge so niedrig gesetzt, daß mit der größten Schufterei kaum etwas zu verdienen ist. Will man aber trotzdem ans Verbauen gehen, dann kommt der Steiger und will Kohlen haben." (Vgl. Berg. Arb. Ztg. 1910, Nr. 50.) Vgl. auch S. 135.

[75] Vgl. auch Felix Busson, Bergarbeiterschutz in Preußen und Österreich, in Brauns Annalen für soz. Politik Jahrg. 1912.

[76] Vgl. Hauptversammlung des Zechenverbandes vom 27. 5. 1911. Minister Brefeld hat im Jahr 1899 vorausgesagt, daß die Bergbesitzer entschlossen demjenigen (Arbeiterkontrolleur) der ihnen unbequem würde, die Abkehr gäben. (30. Sitz des pr. Abg. Hauses 1899.)

„Den heikelsten Punkt in dieser Materie bildet die Frage: wie die Sicherheitsmänner gegen Schikanen, sog. Maßregelungen, z. B. Entlassung, Verlegung an andere Arbeitspunkte und dergleichen zu schützen sind. Denn von Arbeitgebern, die auf den Standpunkt beharren, daß die ganze Einrichtung nicht nur unnütz, sondern sogar schädlich ist, muß man allerdings gewärtigen, daß sie unbequeme Sicherheitsmänner auf gesetzlichem Wege zu beseitigen wissen werden." (Vgl. Ministerialdirektor Dr. Wahle, Erl. Bemek zu dem Gesetz betr. die Einführung der Sicherheitsmänner im sächs. Bergbau, Z. f. Z. Bd. 51, S. 596.)

Daß die Sicherheitsmänner unter solchen Umständen ihr Amt mit weniger Interesse ausüben und von Befahrungen Abstand nehmen, ist nicht auffallend. Wenn es auch rechtmäßig nicht anzuerkennen und zu billigen ist, so ist es doch aus ihrer wirtschaftlich-abhängigen Lage zu verstehen; denn sie sind nur Arbeiter, die von der Hand in den Mund leben.

Rückblickend möchten wir sagen, das Gesetz, welches die Sicherheitsmänner schuf, von der Regierung mit der Tendenz „der Abkehr unserer Arbeiter von der Sozialdemokratie“ vorgeschlagen, von den Bergbesitzern bei seiner Entstehung und während seiner Wirksamkeit heftig bekämpft, von den Arbeitern nur teilweise befriedigt aufgenommen und teilweise heftig bekämpft, hat sicher alles andere getan, als den sozialen Frieden zu fördern; nach seiner ganzen Entstehungsgeschichte konnte es das auch nicht; es hat auch nach den Berichten der Bergbehörden, und wie die jüngsten Unfälle beweisen, nicht dazu beigetragen, die Grubensicherheit zu verbessern!

Die Frage nun, wie aus den heutigen unwirksamen Sicherheitsmännern sich wirksame machen ließen, wäre grundsätzlich dahin zu beantworten: größere Unabhängigkeit der Sicherheitsmänner von den Zechen und mehr Verständnis für diese Einrichtung von den Bergbehörden[77]! Für die Unabhängigkeit den Zechen gegenüber dürfte sich eine Bezahlung des Sicherheitsmanns durch den Staat am besten eignen. Der Staat würde hier als Unparteiischer auftreten, der den gewählten Sicherheitsmann sowohl gegen seine Wähler als gegen die Unternehmer zu schützen vermöchte. Damit, als staatlich bestellter Beamter, wird der Sicherheitsmann zur unparteiischen Ausübung seiner Amtspflicht erzogen und somit Parteiwünsche beseitigt. Wir würden aus diesen Gründen eine staatliche Anstellung der gewählten Arbeiter befürworten. Wir sehen aber nicht ein, daß es unter allen Umständen Arbeiter sein müssen; es gibt so viele Kontrollorgane im Bergbau, wie wir erfahren haben, und wenn diese zur objektiven Ausübung ihrer Pflichten tatsächlich gelangten, würde das selbe erreicht, was durch gewählte Arbeiter erreicht werden soll. Nicht auf das Mittel, sondern auf die Erfüllung des Zweckes kommt es an!

Der Direktor der Zeche Consolidation soll sich nach der Bergarbeiterzeitung (Nr. 34, 1911) wie folgt geäußert haben: „Die Sicherheitsmänner sind deshalb nicht gefährlich, weil sie in Diensten der Zeche bleiben. Der Steiger hat doch die Leute bezüglich ihres Lohnes stets in der Hand und mit Geld ist vieles zu machen.“

[77] In diesem Sinne spricht sich auch der Bergknappe Nr. 39, 1912 aus.

Geht man, um die Grubenkontrolle zu verbessern, nicht dazu über, die Steiger zu Staatsbeamten zu machen oder die staatlichen Kontrollorgane zu reformieren, so dürften sich staatlich besoldete Arbeiterkontrolleure, nach den Verhältnissen, wie sie heute liegen, empfehlen. Mit einer wahrhaften Reform, nicht also einer Scheinreform, wie sie durch die Berggesetznovelle vom 28. Juli 1909 gemacht wurde, müssen aber auch die politischen Momente von selbst aufhören[78].

Aber, sollte es für das Ruhrbecken nicht möglich sein, was sich auf verschiedenen Zechen anderer Reviere glänzend bewährt hat? (vgl. Seite 23). Sollten im Ruhrrevier, wo man alle möglichen Prämien hat, keine unfallverhütenden Prämien möglich sein? Wir wissen doch, daß diese Prämien von Unternehmern selbst eingeführt wurden, obgleich sie Mitglieder einer Berufsgenossenschaft sind. Es kommt hierin das ureigenste Interesse der Bergbesitzer an der Verminderung der Unfälle und ein Bedürfnis für diese Prämienart zum Ausdruck.

Eine Verminderung der Unfälle und eine größere Grubensicherheit wäre also auch dadurch herbeizuführen, wenn die Knappschaftsberufsgenossenschaft den Gedanken dieser Art der Unfallverhütung ergriffe und allgemein zur Durchführung bringen könnte.

[78] Wir wissen, daß selbst die allerbeste Grubenkontrolle Unglücke nicht verhindern kann, aber durch eine rückhaltlose, wahre Reform wird man bei einem Unglück der Öffentlichkeit gegenüber sicherer dastehen und durch offene, ruhige, nicht so überhastete Darlegung (wie es heute oft vorkommt) seines Hergangs dürfte der Weg geebnet werden, den Herr Delbrück damals betreten wollte: „Zur Seele eines großen Teiles unseres deutschen Volkes" (womit er die Sozialdemokratie meinte), denn: „Not und Elend sind der beste Acker für die Sozialdemokratie, sagte einmal ein Staatsmann im Reichstag. Im Ruhrrevier sind es die Massenunglücke" (Köln. Ztg. Nr. 1243), vom 26. 11. 1908) vgl. S. 138 Anm. 69.

MIX
Papier | Fördert gute Waldnutzung
FSC® C083411

Kolibri 360 GmbH
Ferdinand-Jühlke-Straße 7
99095 Erfurt, Deutschland
produktsicherheit@kolibri360.de

Druck:
CPI Druckdienstleistungen GmbH
im Auftrag der
Kolibri 360 GmbH
Ferdinand-Jühlke-Str. 7
99095 Erfurt